奥羽怪談

黒木あるじ、平谷美樹、高田公太、小田イ輔、
葛西俊和、津村しおり、鶴乃大助、
鷲羽大介、大谷雪菜、斉木 京

竹書房
怪談
文庫

ようこそ、戦慄の大地へ。

黒木あるじ

奥羽地方。現在の青森・岩手・宮城・福島にあたる陸奥国《むつのくに》と、秋田・山形にあたる出羽国《でわのくに》の総称——つまりは現在の東北を指す。

とはいえ東北六県を〈奥羽〉とひと括《くく》りにして語るのは、いささか乱暴に感じてしまう。青森県北端から福島県南端まで距離にしておよそ六百キロ。地形の差異、気候や文化、さらに藩制も手伝って風土は大きく異なる。方言も郷土料理も、人々の心性も他種多様なのだ。雑多にまとめられる代物ではないのだ。

にもかかわらず、長らく奥羽は十把《じっぱ》ひと絡《から》げにされてきた。それは——何故か。

〈白河以北一山百文〉とは「福島県の白河より北は無価値な土地である」という意味の、半ば侮蔑的な言葉だ（ちなみに東北最大手の新聞社『河北新報《かほくしんぽう》』の名は、この言葉に由来する）。つまり奥羽は人の住む処《ところ》ではないと蔑《さげす》まれていたのだ。奥羽に棲むのは人間ではないのだ。それゆえ、瑣末な地域差など問題視されなかったのだ。

「いやいや、それは過剰な被害者意識だよ」と、あなたは笑うかもしれない。

ならば訊こう。恐山、イタコ、なまはげ、オシラサマ、即身仏《そくしんぶつ》——なんでも佳い。奥羽または東北、みちのくと聞いて思い浮かべる諸々にどんな印象を抱くだろうか。異界。異質。異形。異文化。そんな単語に集約される「自分たちと異なる」モノをイメージするのではないか。では、何処と、誰と比較して「異なる」のか。そこには、植民地へ向けるまなざし、中央集権的な傲慢が見え隠れはしないだろうか。これらの論を以て「奥羽の民が人として顧《かえり》みられなかった」とは、本当に言いすぎだろうか。

さて、顧みられなかった者が死後にどうなるか、怪談好きの諸兄姉はご存知だろう。怨むのだ。呪うのだ。障《さわ》るのだ。祟るのだ。

我が身を見よとばかりにあらわれ、声を聞けとばかりに哭《な》くのだ。

本書は、そのような咆哮《ほうこう》響く「怨嗟の地」にまつわる奇録をまとめた一冊である。加えて執筆陣はいずれも六県在住者あるいは出身者。すなわち「人にあらざる民」の末裔《まつえい》なのだ。それを思えば、読後になにが起こっても不思議ではないと思うのだが。

平地人を戦慄《せんりつ》せしめよ——柳田國男《やなぎたくにお》『遠野物語』序文の一節である。

よろしい、ならばその令に従おう。戦慄の宴をはじめよう。異界の異界たる所以を、存分に味わっていただこう。北の夜は長い。どうか、ご覚悟のほどを。

目次

青森県

山形県

青森県
秋田県
岩手県
山形県
宮城県
福島県

岩手県

そこに息づくもの

平谷美樹

森の中に棲んでいた縄文時代には、人々は精霊を身近に感じながら生活を営んでいたという。米を作るために森を離れ、平地に住むようになり人と精霊の間は離れていった――。岩手も立派な文明国の一部であり、都会に住む人が想像する〈田舎〉とは、ずいぶん異なるのだが、広大な森である奥羽山脈と、北上高地に挟まれた我が県人の精神の中には未だ、縄文が息づいているような気がするのである。

というのも、岩手には霊の存在を当たり前のものとして受け取る場面が多々ある。

たとえば〈死者のお知らせ〉である。

「この前、うちのおばあちゃんが亡くなったんだ。死に目には会えなかったんだけど、ちょうど亡くなった時間に、誰かが屋根の上を歩く音がしたんだ」

「ああ、知らせに来てくれたんだね。よかったね」

〈死者のお知らせ〉の話を聞かされた者の多くは、それを当たり前のこととして許容する。

そして、

「うちでもね、おじいさんが亡くなった時、仏間の襖《ふすま》が、グーッと居間の側に膨《ふく》らんできたんだよ。びっくりしてたらすぐに病院から電話があったんだ」

などと、話を聞かされた者たちからも、同様の体験談が次々に出てくる。

わたしが友人、知人たちだけから千話以上の話を集めることが出来たのも、そういう土地であるからだと感じている。

コロナウイルスの感染症が拡大し、怪談の採話会が開けなくなっているので手持ちの話は少ないが、訪ねてきた友達から聞いた話が幾つかある。

一昨年から昨年にかけて、わたしは体調を崩して入院した。退院祝いに駆けつけてくれた二人の友人は、目を輝かせながら訊いた。

「入院している間、見た？」

退院祝いというのは口実で、そういう話を聞きにきたのである。わたしは苦笑して、「見なかったよ」と答えた。友人たちは残念そうな顔をしたが、すぐに気を取り直して、

「おれも入院したんだけど、見たよ」

「おれも、おれも」

と、退院祝いの小さい会は、すぐにミニ怪談会となった。もちろん、感染予防は考えられる限り万全にした。

黒い影

犬塚は、息苦しさを感じてかかりつけの医者を受診した。心電図を取って、「うちの医院では駄目だね」と言った医者は、すぐに近くの県立病院へ紹介。犬塚は緊急入院となった。心不全《しんふぜん》を起こしていて、そのせいで肺に水が溜まり息苦しくなっていたのだった。

絶対安静だから尿道カテーテルを入れると言われたが、「それだけは絶対嫌だ」と断り、主治医はしぶしぶトイレを使うことを許可した。ただし、尿の量を調べなければならないからトイレの戸棚の中にある容器に入れるようにと言われた。肺の中の水は尿で排出されるのだという。

病室は四人部屋だった。同室の三人はお年寄り。後から聞いた話によれば、同室の患者たちはできるだけ年齢を合わせるのだそうだが、ベッドの空きがないと、そういうこともあるのだという。

それぞれのベッドは、天井から垂らされたカーテンによって仕切られている。数年前に入院した時にはみんなカーテンを開けてお喋りをしていたものだったが、今回はみな閉めている。そういうルールになったのか、この病室の人たちはあまり他人と関わることが好きではないのか――。

そう思いながら、ベッドに横たわり、うとうとしていた。鼻につけた酸素のチューブが邪魔だった。

目が覚めると夕方。部屋の中は薄暗かった。足元のカーテンが少し開いていて、斜め前の患者のカーテンが見えていた。それも少し開いていて、ベッドとテレビや引き出し式のテーブルがついたロッカーの一部が見えていた。

（あれ？）

カーテンの隙間に変なものを見て、犬塚は二度見した。

真っ黒い影のようなものが見えた。くっきりとした姿ではなく、和紙に滲《にじ》んだ墨のように輪郭がぼやけている。

人の形をしていた。ベッドの横に立ち腰を折って、寝ている患者を覗き込んでいるような姿勢である。

（やば……）

犬塚は〈よく見る人〉であったから、それが人ならぬモノであることに気づき、顔を逸らした。心の中で（こっちに来るなよ）と祈った。

顔を逸らした先に、隣のベッドとの間のカーテンがあった。床とカーテンの端には四十センチほどの隙間がある。そこに二本の細く黒いモノが見えた。脚である。

黒いモノがカーテンの向こう側にいる――。ちらりと斜め前のベッドを見ると、カーテンの隙間にさっきの黒いモノは見えなかった。こちら側に移動して来たのだ。

犬塚はすぐに、これは死神《しにがみ》のようなモノではないかと思った。死期が近い患者のところに来るのだと。ここは循環器内科の病棟だから、みんな心臓に病をもっている。命に直結する臓器である。

『こっちに来るな。こっちに来るな。こっちに来るな』

犬塚はすぐ脇のカーテンに、そっと背を向けて祈り続けた。

少しして、ワゴンの車輪の音がして、看護師が現れ病室の照明が点けられた。カーテンが開けられて検温と飽和酸素のチェックをされた。

ちらりと横のカーテンを見ると、もう黒い脚は見えなかった。

翌日、犬塚は病室を替わった。同年代の患者がいる部屋に空きが出たのである。退院までその病室だったから、黒いモノに覗かれていた二人がどうなったのかはわからない。

あの世の景色

中島は手術のために入院した。「病名は伏せて。あんたの知り合いで●●で手術した人っておれしかいないから」というので、病名は書かない。わたしもいい歳になったので、知人友人で手術をした人は両手に余る。

手術室に入り、ベッドに横になって医者と話をしているうちに意識を失った。

「中島さん」と声をかけられて目を覚ますと、手術は終わって回復室に運ばれていた。

奥さんがいて、「手術中に心停止したんだって」と、怖いことをさらりと言った。

「すぐに蘇生したから脳には影響はないはずだって」

奥さんは言ったが、中島は別のことを考えていた。

友人たちは絶対に『お花畑は見たか?』とか『三途の川は見たか?』とか訊いてくるはずである。けれど、手術室で医者と話した記憶に直結しているのは「中島さん」と声をかけられたことである。微かに水の中のようなもやもやした景色の中で、慌ただしく動く数人の人間の後ろ姿を見たような気もしていたが、それは『手術中に心停止した』と聞いた後に作り上げてしまった偽の記憶かもしれない。

怪談好きの友人たちは、手術の成功よりも臨死体験の記憶がないことについて「なーんだ」とがっかりするに違いない。

一説によると、臨死体験は心臓が停まって脳の機能が低下することによってするものだというから、すぐに蘇生したのでそういう状態に至らなかったのかもしれない。

惜しいことをしたな……。手術の成功を喜ぶよりも、せっかくの機会を逸したことを残念に思った。

最近の痛み止めはたいしたもので、手術で体を大きく切ったというのに、ほとんど痛みを感じることはなかった。一度だけ、床擦《とこず》れを防ぐために体を動かされた時に、生まれてこの方感じたことがないほどの激痛が走り、息も出来なかったことがあった。

数日後、尿道カテーテルを抜いた。それが抜ければ、トイレに行ったり売店に買い物に行ったりしてもいいと言われていた。

「尿道カテーテルを抜くときは痛いぞ」と友人に脅かされていたが、体の中から細長いのをズルズルと引き抜かれる気持ち悪さはあったが、痛みはなかった。ただうら若い女性看護師にそれをされるのは恥ずかしかった。

それは唐突に起こった。

手術から一週間ほど経った夜である。四人部屋で、ほかの三人は早々とカーテンを引き明かりを消して眠りに就いていた。

消灯時間となり、看護師が病室の明かりを消した。中島はテレビと枕元のスタンドを消し、目を閉じた。

目を閉じているはずなのに、カーテンを閉めたベッドの周囲が見えた。スタンドが点いている時と同じくらいの明るさである。

はっとして目を開ける。部屋の明かりもスタンドも消えていて、廊下の明かりでカーテンの中はぼんやりと明るい。

もう一度目を閉じる。明るいベッドの周囲が見えた。そして、ベッドの脇に見知らぬ中年の男が立っていた。慌てて目を開けると薄暗い病室。また目を閉じると、見知らぬ男の顔が間近にあった。

わっと思って目を開ける。もちろん誰もいない。

目を閉じてすぐにそれが見えるのだから、夢というわけではない。意識して空想しているわけでもない。いったいなんなのだろうと目を閉じると、今度は若い女が現れた。

中年男にしろ、若い女にしろ、間近で中島を覗き込む顔は、まったく見知らぬものであったが、毛穴まで見えるほどリアルだった。

目を閉じる、目を開けるをしばらく繰り返した。若い女の次は、五人の男女が現れて中島を覗き込んだ。そのうちに、中島は寝てしまった。

こういう話を看護師に訴えるわけにもいかない。中島は黙っていた。

次の夜は、〈壁〉が現れた。煉瓦《れんが》積みの壁が、カーテンがあるはずのところに聳《そび》えているのである。それは古いもののように見えて、中島は『旧日本軍の施設』という印象をもった。何度か目を開け、目を閉じるうちにその夜も寝てしまった。

三日目の夜は、中国風の豪邸の廻廊が見えた。その中に立っている視点で景色が見えているのだが――。壁も柱も天井も、向こうに見えている瓦屋根、庭の草木も、どす黒い赤で染まっていた。

乾きかけた血である。ねっとりとした光沢があって、薄いところ厚いところのまだらがある。その光景も何度か目を開けたり閉じたりしているうちにいつしか消え、中島は寝てしまった。

三日にわたって見えたそれらには、一つの共通点があった。いずれも、見えている間、強烈な寂寥感《せきりょうかん》を覚えたのである。中島は、「たぶん、あの世の景色や、そこに棲む人たちだったんじゃないかなと思う」と言った。心停止を起こしたために、臨死体験こそしなかったものの、あの世と繋がっていた一時期があったんだろうと。

盂蘭盆《うらぼん》の病棟

これも中島の話である。入院中にお盆を迎えるものだから、色々な準備を家族に頼んだ。祖父母と両親を祀《まつ》る仏壇があるからで、盆棚の飾りつけはいつも中島がしていたのだった。盆近くなると、一人、また一人と退院して行った。盆の入りの前々日には同室の三人がいなくなり、翌日には隣の病室も空になった。

中島の入院している病棟は、ナースセンターを中心に左右に分かれていて、こちら側に四室、向こう側に六室の病室がある。向こう側は個室で、こちら側は四人部屋であった。両側の端っこは大きな窓で、非常口になっている。

盆の二日目には向かいの二室も無人になり、ナースセンターのこちら側の病室には、中島一人きりになった。

「怖いことがあったらナースコールを押すから、助けに来てね」

中島は看護師に冗談を言ったが、内心、怖いことが起きるのを期待していた。退院した後に友達に話すネタになるからである。

しかし、実際に一人っきりになってみると、あまり気持ちのいいものではなかった。

ちょっとした物音まで気になるのである。だから、同室の者がいないのをいいことに、イヤホンを外してテレビを見ていた。音がする方が気持ちが落ち着くからであった。

枕元のスタンドが調光式であったから、夜は明かりをしぼって点けっぱなしにしていた。看護師はくすくす笑いながら、それを許してくれた。

だが、なにも起こらず独りぼっち二日目の夜が過ぎた。

そして三日目の夜。夕食後にトイレへ向かった。何気なく個室の方へ目を向けると、老婆が廊下に立っているのが見えた。出入り口のすぐ側にいて、こちらに体を向けている。普通の洋服姿であったから入院患者ではないのだろうと思いながらトイレに入り、用を足して廊下に出た。個室側を見るとまだ老婆は立っていた。

テレビを見ながら時を過ごし、消灯前にもう一度トイレに行こうとベッドを出た。廊下に出ると顔が個室側を向いた。

老婆が立っていた。さっきと同じ姿勢である。なんだか嫌な予感がして、中島は急いで用を足した。個室側に目を向けるとやはり老婆は立っている。

(そうだ)

中島は、一つ思いついた。今、中島のすぐ背後にある窓には、夜であるから廊下の全体が映っているはずだ。あの老婆が実在するのならば、映っているはず。

中島は思いきって振り返った。老婆は映っていなかった。個室側に目を移すと老婆は立っている。実景と窓に映った廊下を確かめた。やはり、老婆は中島の目にだけ見えているのだった。中島は急いで病室に戻った。どうしようか迷ったがカーテンを全部閉めた。

そして――。

中島は、三方のカーテンと一方の壁、天井と床に向かって九字を切った。『臨兵闘者皆陣列在前』というあれである。効くかどうかはわからないが、結界を作ったつもりであった。まんじりともせずにカーテンの中で過ごし、午前零時の巡回の看護師が回ってきた後、安心して眠りに就いた。

さすがにいい歳をして「幽霊を見た」と言うのは恥ずかしかったのだった。

四十九日

鶴乃大助

タイキさんと理香さんの体験。

深夜、二人が暮らすアパートの寝室で、理香さんは僅かな物音で目を覚ました。

布団の中で耳を澄ますと、浴室からシャワーの音がしている。

（タイキ帰ってきたんだ）

タイキさんは東日本大震災の被災地、岩手県陸前高田市に仲間数人と支援物資を届け、現地でボランティア活動をするために出掛けていた。

そんなタイキさんに理香さんは〈お帰り〉だけでも言おうと思い、起き上がろうとした時だった。

仰向けで、背伸びしようと伸ばした右手の指先が何かに触れ、反射的にそれを掴んだ。

（なんだろう？）

冷たい……。

（え？　何？　もしかして……）

寝起きの頭の中に、触れた感触からある物が浮かぶ。

廊下の灯りがわずかに寝室を照らす中、手が掴んでいるそれを確認すべく、恐る恐る目を開けて視線を移す。

視界に入ったのは——生気の感じられない灰色の腕だった。

腕だけがだらりと暗闇の中から下がっている。

「キャッ！」

慌てて腕を掴んでいた手を離そうとすると、拍子でズルッと皮膚が剥がれ落ちた。

飛び起きて振り返った時には、灰色の腕はすでに消えていた。

生まれて初めての異様な体験に、しばらく呆然とする理香さん。

「理香、理香！　大丈夫か？」

ようやく気づいたのはタイキさんが自分を呼ぶ声だった。

「今ね、タイキが帰ってきたから、起きようと思ったの。その時ね、枕元に……枕元に腕があったの。私ね、その腕を触っちゃったの……そうしたら腕から皮膚がね……」

理香さんはタイキさんに、さっき起きたことを必死に説明する。

「ああ、連れてきちゃったかな」

タイキさんは黙って一部始終を聞き終えると、どこか悲しげに呟《つぶや》いた。

翌朝、理香さんが朝食を作っている時だった。

冷蔵庫の扉を開けて、中から卵を取り出し、再び扉を閉めると、扉の影に、スーツ姿の中年男性が不思議そうな顔をして立っていた。

(誰？　誰なの？)

顔色は昨晩の腕と同じ灰色……。

(腕の人だ……)

頭の中で、答えが出た時には男性はスーッと消えていった。

理香さんはすぐにタイキさんを起こし、スーツ姿の男性のことを話した。

「それ、陸前高田で、俺が見た人だ」

タイキさんは陸前高田市でのボランティア活動中に、作業する仲間の傍《かたわ》らに佇《たたず》むスーツ姿の中年男性の幽霊を見ていた。

少年時代から霊感が強いタイキさんが被災地で見た何人かの幽霊の中の一人だ。

その男性の幽霊は亡くなったことを理解していない様子だったという。

「やっぱりタイキに憑いてきたんだね」

優しいタイキさんを頼って憑いてきたんだと、理香さんは思った。

それから理香さんは毎日、何度もアパートで男性の幽霊を見るようになる。

男性の幽霊はキッチン、リビング、バスルームどこにでも現れた。

時には姿を見せず、足音だけの時もあった。

特に料理を作っている時に現れるのだけは、何度見ても慣れなかったという。

料理を作る傍らで、黙ってこちらを見ているからだ。

そこで理香さんが取った行動は、男性の幽霊と自分の間にタイキさんを立たせて、目隠しにすることだった。

「タイキ。男の人がそこにいるから、私の横にいて」

「う、うん。でもどこにいるんだ?」

「そこにいるよ。タイキ見えないの?」

不思議なことに、今まで日常的に霊が見えていたタイキさんには、男性の幽霊がまったく見えなかった。まるで霊感が理香さんにチェンジしたかのように、タイキさんは何も感じなくなっていた。

そんな生活が一ヶ月を過ぎた頃からだった。

日を追うごとに、男性の幽霊が薄くなり、透けていく。

段々と見かける頻度も減っていき、一日一回が二日に一回となり、足音も聞こえなくなっていった。

男性の幽霊が現れなくなったのは四月の末、ちょうど三月十一日から数えて四十九日にあたる頃だった。


それ以来、タイキさんも理香さんも霊を見ていない。

当時、まだ同棲していた二人は結婚し、今は家族も増え、幸せに暮らしている。

ただ、理香さんは、あの腕からズルッと剥がれ落ちた皮膚の妙な感触だけは、いまだに忘れられないという。

繋ぐ

「うちの嫁さん、変わった体験あるんですよ」

こう語るのは岩手県北上市に住むケンゴさん。

奥さんの真希さんと結婚して間もない頃だったという。

仙台市に遊びに行くことになり、交通量の少ない深夜に車で自宅を出発した。

奥州市、前沢地区の街灯も無い県道を走っていると、ヘッドライトの光が大きな石碑を照らし出した。

その瞬間、助手席に座るケンゴさんは車内に嫌な気配を感じた。

(なんだ？　何かいる？)

すると、運転していた真希さんがケンゴさんに話しかける。

「何か感じてるしょ？」

幼い頃から霊感が強い真希さんも何かを感じている様子だ。

「う、うん。何か嫌な感じがする」

「後ろにある私のバッグから携帯電話出してくれる？　それと後ろ見ないでね」

ケンゴさんは真希さんに言われた通り、後ろを見ずに後部座席からバッグを引き寄せ、中から携帯電話を取り出す。

「携帯出したよ」

「じゃあTさんて人の電話番号を教えてくれる?」

「えーとTさん、Tさんね。あった! 番号は×××-××××-××××」

ケンゴさんが電話番号を告げると、真希さんが何やらブツブツと、まるで念仏でも唱えるように口を動かす。

よく聞くと、それは先ほど、真希さんに伝えたTさんの電話番号だった。

(何してるんだ?)

真希さんの行動を理解できないケンゴさん。

「フーこれでよし!」

真希さんがケンゴさんの方を見てニコリと笑う。

「何があったんだ?」

「あのね……」

真希さんは運転を続けながら語り出した。

「さっきケンゴが何かを感じた時、車の後ろに落ち武者がいっぱい乗ってきたの。刀で斬られて血まみれなのとか、矢がいっぱい刺さったままのとか」

「落ち武者の幽霊？」

「そう。あのままだったら、やばかったよ」

「それで何したの？　Tさんて誰？」

「Tさんはね、釜石にいるミコ〈巫女〉さん。電話番号唱えて霊にTさんのところに行ってもらったの」

確かに車内の嫌な気配は真希さんが電話番号を唱えてから、消えていた。

「私、小さい頃から色々見えて怖い思い沢山してるでしょ。ケンゴといても変なこと起きてるし。そしたらウチの母ちゃんが心配して紹介してくれたのがTさんなの」

Tさんは岩手県南部でオガミサンと呼ばれる祈祷や占いを行う巫者のようだ。

「それでね、Tさんに初めて会った時に『何か悪いモノ見たり、感じたりしたら私に電話かけなくても電話番号唱えて私の所に行きなさいと念じれば、霊がこっちに来るから』て言われたんだ。だから、さっきも落ち武者が出てきて、やばかったからTさんの電話番号唱えたの。わかるかなあ。なんていうか電話番号唱えてTさんお願いしますって、念じるんだけど、霊をTさんに繋ぐ感じなんだよね」

ケンゴさんは真希さんが語るなんとも不思議な話に、ただ頷くしかなかった。

翌日、ケンゴさんと真希さんが仙台の街を満喫していると、真希さんの携帯電話にTさんから電話がかかってきた。

「もしもし、Tさん。こんにちは！」

「真希さん。随分とまた、いっぱい送ってきたね。安心しなさい。お侍さんたちのことはちゃんとやっといたからね」

真希さんとTさんの電話のやり取りを聞いたケンゴさんは驚いた。

（本当にTさんの元に霊が行ってる）

この件で、ケンゴさんもTさんの力を信じるようになったという。

その後も真希さんは嫌な雰囲気を感じたり幽霊を見ると、Tさんに霊を繋ぐことを続けた。するとTさんから必ず連絡が来た。

「真希さん安心しなさい」

Tさんのこの一言は真希さんにとって、とても頼りがいがあった。

あの日が来るまでは……。

二〇一一年三月十一日に起きた東日本大震災。

この日を境に、Tさんとはまったく連絡が取れなくなった。

Tさんが住む釜石市も、地震発生後の大津波で甚大《じんだい》な被害に遭った。

死者は八百八十名を超えて行方不明者も未だ百五十名以上いる。

真希さんは震災直後からTさんの無事を祈り、方々を捜した。しかし、数週間後Tさんの家族から届いた知らせは、Tさんが行方不明だという信じがたい内容だった。

十年後の現在もTさんの行方はわかっていない。


この体験談を語ってくれたケンゴさんへ私は最後に、こんな質問をしてみた。

「真希さん。Tさんに霊を繋ぐことが出来なくなって困ってないですか?」

「それが大丈夫なんですよ。Tさんと最後に会った時、見えすぎるのも辛いだろうと、見える力を封じてくれたんです。だから今は何も見えてないんですよ」

奥羽異譚・岩手編

河童《かっぱ》、ザシキワラシ、寒戸《さむと》の婆、マヨイガ——岩手県遠野市は怪談奇談の宝庫である。それも単なる昔話ではない。彼の地には、いまも怪が息づいているのだ。

たとえば、大野芳《おおのかおる》氏が書いた『河童よ、君は誰なのだ』（中公新書）には、昭和四十年代前半に同市で河童と遭遇した人物の話が載っている。

《その日、伊藤巳之助氏は冬用の炭を注文するため小出《こいで》という集落へ向かっていた。すると、しばらく歩くうちに、山の斜面から「ケチャ、ケチャ」「ガチャ、ガチャ」と、口では表現できない獣の声が聞こえ、二匹の動物が斜面を降りてきた。動物は全身が赤茶の毛に覆われており、アルマイト加工を施した鍋蓋のような色をしている。伊藤氏は「これが河童というものか」と気味が悪くなり、石を拾って投げつけたところ、河童は立ちあがり逃げ去ってしまった。氏によれば河童の身長はおよそ六十センチ。耳は見えず、黒豆のような目がふたつ正面を向いていたという。その後、小出集落へ到着した伊藤氏は炭焼きをしている男性に「河童がいたぞ」といま見たものの詳細を話した。しかし男性は「最近はまた二匹で歩いているのか」と、すこしも驚く様子がなかったそうである》

目撃から、まだ半世紀。赤い河童たちはいまなお遠野に棲んでいるのだろうか。

福島県

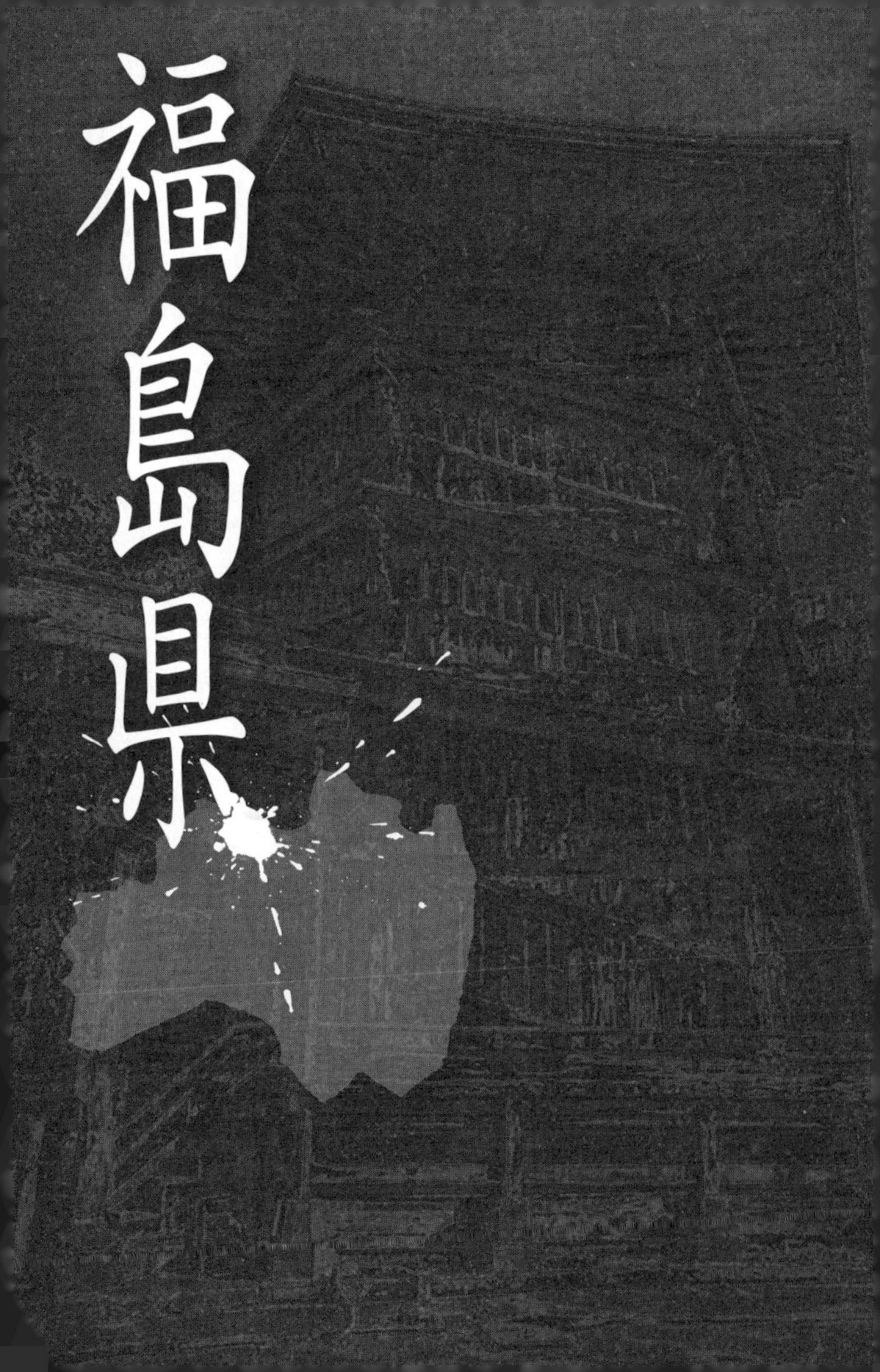

旧雪割橋

斉木　京

県南に雪割渓谷《ゆきわりけいこく》という、山々の間を深く抉るようにして流れる川がある。

地名の由来はその名のとおり、雪が降り積もった折に川が白銀の世界をふたつに割るように見えたためと伝えられている。

その切り立った谷の上に渡されたのが雪割橋である。

紅葉の時期などにこの橋の中腹に立って周囲を見回すと、絶景を望むことができる。

ただし塗装の剥《は》げかかった赤い欄干《らんかん》から下を覗き込むと、そのあまりの高さに足がすくんだのを憶えている。

景勝地であると同時に、昔はこの橋から身を投げる者が後をたたなかったという。


知人のD君から以下のような体験談を伺った。

高校卒業から間もない頃、車の免許を取ったばかりのD君は週末になると県内の各所に友人たちとよくドライブに出かけていた。

ある時、心霊スポットとも囁かれていた雪割橋へ足を向けてみようということになった。

車二台に乗り合わせて数名で現地へと向かう。

その日は梅雨が明けきる前の蒸し暑い夜で、途中から霧のような雨が降り出したという。傘など持ってきていなかったが、付近に車を停めると雨に濡れるのも構わずに橋に向かって歩き出した。

橋とその下の深い渓谷は、すっかり闇に沈んでいて何も見えない。

その雰囲気に気圧《けお》されて、皆黙ったままD君が手にしたライトの弱い光を頼りに橋を渡った。

肌に貼り付くように降る霧雨と静寂だけが辺りを覆っている。

怪異が起こると噂される公衆トイレにも入ってみたが、変わったことは何もなかった。

車に戻るために再び橋を渡った時には、皆余裕ができて雑談しながら歩いた。

橋を渡り終えようとした時、D君は背後にかすかな人の声を聞いた気がした。

「あー……」

抑揚のない、消え入るような女の声。

立ち止まって橋を振り返る。

「……なあ、今人の声しなかった?」

D君の問いかけに、仲間たちは一様に首を振った。

ライトで橋の上を照らしてみても、人影など見当たらない。

結局気のせいだろうという話になり、皆で車まで戻った。

雨と汗で服が濡れて気持ちが悪いので、もうその夜は解散することになったという。

D君は、春から一人暮らしをしているアパートへと帰ると、すぐに風呂へと向かった。

ユニットバスの熱いシャワーを頭から浴びて、雨に冷えた身体を温めていると――。

背中の肩甲骨《けんこうこつ》のあたりに何かが、ずん、と当たった。

と同時に、腰のあたりに長くて冷たいものがぺたりと貼り付く。

人間の皮膚の感覚はよく出来たもので、見なくとも背中に引っ付いたのが何かD君は直覚したという。

「濡れた髪の毛ですよ。結構長かったと思います」

さらに肩甲骨あたりにのしかかっているのは、重さや形からして、人間の頭であると思った。

自分の背中に、俯《うつむ》き加減で頭部を押し付けて誰かが立っている。

刹那、そんな光景が頭の中で像を結びD君は悲鳴をあげて飛び退《しさ》った。

必死に両目を手で拭って狭い浴室内を見回したが、誰の姿もない。

ただ、湯気の立ち込める浴室の空気が異様なほどに冷え冷えとしていたのを、今でもはっきりと憶えているという。

この本が出版される令和三年、老朽化した旧雪割橋のすぐ側に架け替えられた新雪割橋も開通している。

お近くを通られた方にはぜひ、立ち寄って頂きたいスポットだ。

ただし、明るい時間帯をお勧めする。

土葬に纏《まつ》わる話

二本松市にはある民話が伝わっている。

昔、京の都の公家屋敷にいわてという乳母が奉公していた。

しかし乳母が育てている幼い姫は不治の病に罹《かか》り、明日をも知れぬ命だった。

易者の占うところでは、妊婦の胎内にいる赤子の生肝《いきぎも》を飲ませれば姫は助かるという。

その言葉を信じた乳母は奥州へと下り、岩屋に潜んで機会を窺《うかが》った。

ある時、旅の妊婦が通りかかり一晩の宿を求めた。

乳母は快く岩屋に迎え入れるふりをして、隙を見計らい妊婦を殺して腹を裂いた。

だが妊婦の持ち物を調べると、皮肉なことにその女は乳母の実の娘であった。

気が触れた乳母は鬼婆となり、岩屋を訪れる旅人を見境なく襲って生肝を取るようになったが、最後には紀州からやって来た高僧によって調伏されたという。

有名な安達ヶ原の鬼婆伝説である。

民俗学者の中山太郎《なかやまたろう》は、実はこの伝説が県内のある地域でかつて行われていた風習に由来していると著書の中で述べている。

『妊婦が難産のために死亡すると、その妊婦の腹を割き胎児を引き出して妊婦に抱かせて埋葬する（屍体と民俗）』

昔は土葬が主流であったので、このような葬送が行われたようだ。

前置きが長くなったのは、この風習を想起させる話をかつて伺ったためだ。

六十代の男性、Uさんが父親の辰男さん（仮名）がまだ存命だった時に聞いたという。

辰男さんがまだ二十代の頃、彼の住む集落で若い未婚の娘が病死して葬式が出た。

亡くなった女性とはそれほど親しいわけではなかったが、辰男さんも野辺送りの列に参加して、村の墓地に着くと亡骸《なきがら》が納められた棺桶を埋葬したという。

それから一週間ほど過ぎたある日の夕方。

辰男さんは急に降り出した雨の中、職場からの家路を足速《あしばや》に辿っていた。

ちょうど墓地の横に来た時、視界の端に何かが見えた。

雑木林の間から覗《のぞ》く墓地の中に、人の姿――。

辰男さんは傘を持っていなかったので手で庇《ひさし》を作って、墓地の方に目を凝らした。

白い着物を身に着けた女が一人で突っ立っている。

顔は真下を向いているので誰なのかはわからないが、女は胸の前で合わせた両掌《てのひら》の上に何かを持っているようだった。

雨が降り頻《しき》るのに、墓地で一体何をしているのか。

急に薄ら寒い気持ちになって、辰男さんはふらふらとその場を立ち去った。

家に帰っても、先ほどの女の姿がなんとなく頭から離れない。

よく思い返してみれば、着ていた白い服は経帷子《きょうかたびら》ではなかったか。

先日、葬式が出たばかりだったことも手伝って辰男さんはますます気味が悪くなった。

葬儀の夜も帰ってきてからしたように、桶に水を張ってそれに塩を入れて手を洗い、お浄めの代わりとした。

風呂を済ませて寝床に入った辰男さんは深く寝入ったが、夜中にふと目を覚ました。

外ではまだ雨がしとしとと降り続いている。

ふうっ、と饐《す》えたような臭いがどこからともなく漂ってきて辰男さんの鼻をついた。

やがて土と糞尿が混ざったような強烈な臭気がすぐ近くから感じられるようになり、ちらりと横を見ると、夕方に墓地で見た女が布団のすぐそばに居た。

辰男さんは飛び上がるほど驚いたが、身体が石になったように動かない。

しばらくして、闇の中で畳の上に正座する女は先日死んだ集落の娘だと気がついた。

灰色の爛《ただ》れた両手を重ね、お椀のようにして何かを持っている。

女は両手をゆっくりと突き出し、辰男さんの鼻先までそれを近づけた。

こんもりとしたそれは、どうやら湿った土のようだった。

辰男さんがその行為の意図をはかりかねていると、女の姿は闇に溶けるように見えなくなったという。

翌朝、辰男さんが昨日あったことを家族や村の人間に相談すると、少し離れた場所に住むミコサマ（口寄せや卜占を生業にする）の女性にお伺いを立てようということになった。

ミコサマは亡くなった娘のお腹に子供がいると告げたので土饅頭《どまんじゅう》を掘り返してみると、確かにその通りであったという。

改めてお腹の赤子が弔《とむら》われると、その後は何事も起こらなくなった。

その赤子の父親が誰であったのか、なぜ辰男さんのもとに女が姿を見せたのかは結局わからず終いだったそうだ。

静御前堂異聞

私が生まれ育った郡山市には静御前堂《しずかごぜんどう》という非常に古い仏堂がある。

ここにはその名の通り、かの源 義経《みなもとのよしつね》の愛妾であった静御前が祀られている。

頼朝《よりとも》によって追討の命が下された後、義経は京から奥州平泉へと落ち延びていった。

静は愛する義経の跡を追って平泉を目指し、この地まで辿り着いたが義経討死の報を聞き、世を儚《はかな》んで近くの池に入水したという。それを哀れに思った土地の長者が石碑を立てたのが縁起だと伝わっている。

ただし、静御前が登場する史料は鎌倉時代に編纂《へんさん》された『吾妻鏡《あづまかがみ》』のみであり、そこでは吉野山で義経と別れたさいに敵方に捕えられ、一旦鎌倉に連行された後は母の磯禅《いそのぜん》師《し》と共に帰洛したとある。

その後、静がどうなったかについては詳らかではない。

では何故、ここが静御前終焉《しゅうえん》の地であるとされるのか。

時は下って戦国時代、この土地にある塚から夜毎怪しい火が漂い出てくるので村人が恐れていたという。

大槻城主の伊東高行《いとうたかゆき》が塚を調べると、土中から石碑が出てきた。

その石碑がどうも静御前を祀ったものであったらしい。

こうして御前堂は建てられることとなった。

親戚の家に行く道の途中にあったので、私も小さい頃によく御堂の前を通った。

昼間でもなんとなく薄暗いような、物寂しい場所だったのを覚えている。

昭和六十年代頃、この周辺で怪しい噂が立った。

御堂の近くに新しく建てられたある家で、毎晩のように女の啜《すす》り泣く声が、どこからともなく聞こえるという。

幼かった私はその怪異もさることながら、真顔でそれを囁き合う大人たちの雰囲気が異様に感じられて怖かった。

その家が人手に渡ってから、女の泣き声は止んだと聞いている。

当時は静御前の無念が現れたのではないか、などと言われていたが無論裏付けはない。

戦国時代に見えた怪しい火と、昭和年間にあった怪異とは何か繋がりがあるのだろうか。

実は静御前堂の裏手には古墳がある。

遥かに時は遡《さかのぼ》って、古墳時代後期に作られた直径十数メートルの円墳である。

これは針生《はりゅう》古墳と呼ばれる。

御堂がある静町を含む旧大槻地区には、かつて百基以上の古墳群が存在していたようだ。なんと、それらは現在までにほとんどが破壊されてしまったという（針生古墳は御堂の境内にあったので難を逃れた）。

小規模とはいえ古墳は貴人や豪族を葬ったものであったはずだ。

戦国時代に鬼火が彷徨《さまよ》い出ていた塚とは、あるいは古墳ではなかったか。

かくいう私自身も大槻出身なので、ふと厭な想像をしてしまう。

私の生まれ育った家や近所の見慣れた景色は、実は潰された古墳の上に建っていたりはしないか——。

もちろん、それは空想に過ぎないのだが。

現在の御堂の周辺は開発が進み、かつての面影はなくなっている。

すぐ前には幹線道路（その名も静御前通り）が走っていて比較的アクセスが良いので参拝に訪れる人も多いようだ。

ところで静御前終焉の地とされる史跡は、ここのみならず日本各地に存在している。

義経公と並んで、静御前が昔から多くの日本人に愛されてきた証左であろう。

うしくびり

『福島県南会津郡大戸村の雨乞《あまごい》は、猿丸太夫《さるまるだゆう》の古跡という上の沼へ、牛の頭を投げ込むのであるが、この事は大正十三年七月の大旱にも行われた（穀神としての牛に関する民俗）』

冒頭の一節は民俗学者、中山太郎の著書から抜粋したものであるが殊に〝沼へ、牛の頭を投げ込む〟という文言に目を引かれる。

牛の頭とは、つまり首のことである。

どうやらこれも日本の各地域でかつて行われていた風習に由来するようだ。

昔、一部の地域では旱魃《かんばつ》が起きた年には村民が集まって祈雨を行うが、それでも駄目な場合は牛の首を切り落として藤蔓《ふじつる》で結え、滝壺の側に吊るしておいたという。

生首の切り口からは血が滴り落ち、水神（雨を司るといわれる）の住む神域を汚す。

それを洗い流すため、神が雨を降らせると信じられていた。

これは一種の呪法であったようだ。

もし、事情を知らぬ他所の土地の者が偶然これを目撃したなら、恐れ慄《おのの》いたことだろう。

牛という字の付く地名は日本各地にあるが、郡山市にも〝牛縊《うしくびり》〟という土地がある。緑豊かで長閑な場所だが、地名の〝縊《くび》る〟という字は締め殺すという意味であり、なんとなく不穏な印象も与える。

牛縊に関しては、もちろん地名だけで何かを判断するのはこじつけだと民俗研究者の筒井功氏も指摘しているところである。

また前口上が長くなったが、郡山市ではないものの県内で牛に関する話を聞いた。

五十代の男性、Kさんは夕食の後に縁側に出て煙草を燻《くゆ》らすのが日課になっていた。

居間で吸っていると妻や娘の顰蹙《ひんしゅく》を買うらしい。

自宅の前は田園が広がっていて、夏ともなると蛙の合唱が一面に響き渡る。

「時々ね、牛舎の臭いが流れてくるんだよな」

それは私も嗅いだことがあるが、中々強烈なものだ。

ただし不思議なのはKさんの家がある地域には酪農家は一軒もなく、一頭たりとも牛を飼っている家がないことだ。

「どっから来るのか、わがんねんだ」

その臭いは独特で、畑に使う肥料の類いと間違えるはずはないとKさんは話していた。

長子が死ぬ土地

かつて私は『贅怪談　長男が死ぬ家』という怪異小説を怪談文庫より上梓させて頂いた。

小説の中に出てくる旧家では代々の長男が夭折《ようせつ》するという怪異が起きる。

実はこの小説には着想を得た怪異譚がいくつかある。

私の高校時代の友人Nが須賀川市に住んでいて、これは彼に取材した話。

事の発端は彼の姉の急逝だった。

彼女はまだ中学生の若さだったという。

葬儀に参列していた近所の老人が、後日Nと道で会った時、不穏な言葉を呟いた。

「お宅も、やっぱり人死が出たね……」

慕っていた姉を突然亡くし、意気消沈していたところだったので、これにはNも眉《まゆ》を顰《ひそ》めた。

ただ、その言葉の意味するところが気になったので父親に尋ねてみたという。

「この土地では、よく長子が亡くなると言われている……」

父は重い口を開いた。

もともとNの家は祖父の代にこの土地へと移り住んできた。

父親が若い頃、近所の幼馴染《おさななじみ》の兄が事故死したことがあった。

幼馴染の兄は大学を優秀な成績で卒業し、就職も内定していたという。

将来を嘱望されていたが、ある日友人たち数名を車に乗せて出かけた先で事故に遭った。

乗車していた全員が死亡する痛ましい交通事故だったという。

「また長男が死んだ」

かつて父親がその葬儀に出た時に、人々が声を潜めるようにして囁き合っていたのを聞いたらしい。


この土地では長子が取られる——。


厳密には長子や男子に限るわけではなく、その家の兄弟の中で特に優秀な人が亡くなる傾向があるという。

Nはその話を最初に聞いた時は半信半疑だった。

だが姉の死からほどなくして、今度は近所の男の子が急死した。

その家では長女、次女と女子が続いて生まれていて、初の男子も授かったことを喜んでいたそうだ。

元気に育っていた男の子はある夜、高熱を出してあっけなくこの世を去ってしまった。

その葬儀の夜に、Nは奇妙なものを見た。

男の子の家の屋根の上に、細く長い火柱が天を衝《つ》くように立ち昇っていたという。

ガスバーナーの炎のように、あるいは電柱に火がついて揺らめいているかのようにも見えたとNは形容している。

無論、火災など起きてはいない。

Nは後日父親に、自分が見た奇妙な炎のことを話した。

「おれも見たことがある」

そんな答えが返ってきた。

父もかの幼馴染の兄が死んだ日に、同じものを見たというのだ。

そもそも、なぜこの地域では長子が死ぬなどという不吉な噂があったのか。


かつて須賀川では伊達政宗《だてまさむね》と、この地を治めていた二階堂《にかいどう》氏との間で激しい戦があった。

今より四百年前の天正《てんしょう》年間、この地に軍勢を進めた政宗は須賀川城主の大乗院《だいじょういん》（政宗の叔母）に和睦を提案したが、複雑な背景もあり大乗院はこれを拒否した。

かくして合戦の火蓋が切られる。

Nの家がある地域は激戦地の一つで、領民を含めた多くの者が命を落としたという。


Nは他にもおかしな体験をしている。

家の近くに大きな道路があって、その下を地下道が通っている。

普段はほとんど利用する人はいないらしいが、ある時Nが階段を下りていくと大勢の人間が怒鳴《どな》りあうような声が聞こえてきた。

どこかの不良グループ同士が争っているのかと思ったが、それにしても反響する声の数が多くて凄まじい。

恐る恐る階段を下りきって、角から地下道を覗くと誰の姿もなかったという。

また近くの小高い山には前線の拠点として須賀川城の支城がかつて存在し、件の合戦で攻め落とされたのだが、Nが記憶しているだけで三人、徘徊などで行方不明になった高齢者の御遺体が、なぜかその山城跡の周辺で発見されたこともある。

あまりに不幸が重なったため、地区の菩提寺が二十年ほど前に慰霊塔を建立したという。

それからはあまり不穏な話は聞かれなくなったとNは話す。

この地域で起こった凶事がそのせいだとか言うつもりは毛頭ないし、ただの偶然と考えるのが自然かも知れない。

だが、この土地で因縁めいた話が一部に流布していたのは紛れもない事実であるようだ。

須賀川市では毎年十一月に、日本三大火祭りにも数えられる〝松明あかし〟が盛大に挙行される。

大きいもので高さ十メートルにもなる柱状の松明《たいまつ》が何本も並び立ち、勇壮な太鼓や掛け声の中、炎が燈《とも》され晩秋の東北の夜空を橙《だいだい》色に染め上げる。

この火祭りは、かの合戦で命を落としたすべての人々の霊を弔うために始まったと言われる。

松明は市内の企業や各学校からも寄進されるそうで、Nも中学生だった折に祭りに参加している。

自校の松明が天を衝くように赤く燃えるのを眼前にしながら、Nは級友たちと肩を寄せて共に校歌を高らかに歌い上げた。

姉の冥福を願いながら。

庚申坂

大谷雪菜

三春町に庚申坂《こうしんざか》という曲がりくねった坂がある。

坂の上にはかつての妓楼《ぎろう》が佇み、色褪《いろあ》せた家屋がうら寂しい影を投げかけている。

澄子さんの家は庚申坂の入り口にあって、子どもの頃は決して坂の上に行ってはいけないと両親からきつく言われていた。

当時、坂の上には五軒の妓楼が立ち並び、夜ごとに男たちを誘う明かりが灯っていたというが、幼い澄子さんがそのことを知る由もない。ただ、時折大人たちが密かに話しているのを聞いたことはあった。

「坂の上から逃げてきた女がいる」

「着物に火薬を仕込んでいて坂の途中で死んだ」

不穏な言葉が断片的に耳に残り、坂の上は恐ろしい場所だという漠然とした印象だけが澄子さんに刻まれた。


ある夕暮れのこと。澄子さんは家の周りをぐるりと囲む塀によじ登り、遊びに来ていた友人たちを見送っていた。夕陽を浴びて黒いシルエットに変わってゆく背に手を振っていると、後方からざりざりと足音が聞こえて来た。

見ると、ひとりの女が坂を下りてくる。

女は燃えるような赤い着物の裾《すそ》を引きずって、前屈みの姿勢で歩いていた。合わせがはだけ、島田に結った髷《まげ》は乱れている。

坂の上には自分とは違う世界に住む女たちがいることはなんとなく知っていたが、実際に目にするのは初めてのことだった。物珍しげに眺めていると、女は立ち止まってこちらを見上げた。逆光で昏《くら》く顔がよく見えない。紅を引いた赤い唇だけが、忍び寄る薄暮の中やけにくっきりと浮かび上がった。

「お嬢ちゃん、あっちさ行くか」

掠れた声で言って、女は何処ともなく正面の街並みを指さした。

どこ、という澄子さんの問いには答えず、女は「こっちゃ来」と白い手をひらひらさせて手招きした。澄子さんは反射的に首を横に振った。

「あっちさ行くか」

もう一度、女が言った。唇がにやりと笑ったように見えた。

「行かない」

澄子さんは声を張り、咄嗟にポケットからおはじきの入った巾着袋を取り出すと、女をめがけて投げつけた。巾着は勢いよく宙を裂き、地面におはじきが散らばった。

女は喉の奥でくつくつと笑って巾着をちょいと拾い上げると、もう澄子さんに目をくれることなくゆっくりと坂を下りて行った。

塀に跨ったままの澄子さんは夕闇にきらめくおはじきをじっと見ていた。

やがて、女の引きずるような足音がぴたりと止んだ。

思って振り向いてみると、一本道の往来に女の姿はなかったという。

現在、庚申坂の上には当時の妓楼が四軒現存している。両端の二軒は民家として利用されているが、間の二軒は廃屋同然に放置されており、夜ごと歌が聞こえたり格子の向こうに人影を見るといった怪異の目撃談が絶えない。

鳥籠の中

「今思えば変な家だったと思うんです」

県南地区に住む中嶋さんはそう語る。

本人の希望で詳しい地名は伏せるが、中嶋さんの実家の裏には山があった。

山といっても子供の足でも容易に登れる程度の小さな山で、頂上には日本全国どこにでもあるような愛宕《あたご》神社の簡素な社が建っていた。彼の家ではその裏山自体を「愛宕さん」と呼び習わし、折に触れては新米や御神酒《おみき》を恭《うやうや》しく捧げていたという。

中島さんが小学校に上がる頃、乳歯が抜けた。自分の口内から抜け落ちた歯は妙に気味わるく、しげしげと眺めていると祖母が言った。

「愛宕さんさ埋めてき」

抜けた歯は裏山に埋めなければならないのだという。屋根の上に投げるというのは聞いたことがあったが、山に埋めるなど周りの友人からも聞いたことがない。理由をたずねると祖母は、そういう決まりなんだとしか言わなかった。

「埋めたらちゃあんとお参りしてこねぇと駄目だよ」

中嶋さんは言いつけ通りにひとりで裏山に登り、土の柔らかそうなところを見つけてスコップで小さく穴を掘った。歯を入れて、掘り返した土を被せて踏み固めたあと、下草に埋もれる石段を登って社に手を合わせた。

二本目も三本目も、歯が抜けるたびに同じように裏山に埋めに行った。その度に祖母は中嶋さんの頭を撫でた。

「愛宕さん、うんと喜んでるわ」

上下四本の前歯が生え変わった頃のことだった。

渡り廊下を歩いていると、奥の仏間のほうから鳥の声が聞こえてきた。ちゅん、ちゅん、という断続的な鳴き声は雀《すずめ》によく似ている。

中嶋さんは不思議に思って、普段は近づかない仏間の襖をそっと開けて中を覗いた。ひんやりとした空気に混じって線香の匂いが鼻をついた。

ちゅん、ちゅん。

鳴き声はいやに澄んで聞こえる。どこかに迷い込んできた雀がいるのか。せわしく視線を移動させていると、妙な物の存在に気が付いた。

仏間の隅の文机の上に、鳥籠が置いてある。鳴き声はその辺りから聞こえてくるようだった。中嶋さんは首を傾げた。細い金属格子を張られたドーム型の鳥籠の中にはしかし、何も入っていない。文机の下か、柱時計の陰にでもいるのかもしれない。そう思うことにして中嶋さんは仏間をあとにした。なんとなく、仏間に長居をするのはためらわれた。

仏間で雀の声を聞いたことを告げると、祖母は「そうかい」と言ってなぜか満足気に頷《うなず》いた。

「鳥籠が置いてあったけど、空っぽだったよ」

あそこから逃げたの、と中嶋さんはすこし問い詰めるような口調で聞いた。祖母が雀を飼っていて鳥籠から逃げたのならば、どうして捕まえようとしないのだろうか。

逃げてないよ、と祖母は穏やかに笑った。

「ちゃあんとあの中にいるよ」

雀が？　という問いに、祖母は何も答えなかった。

それからしばらく経ったある日、また仏間のほうから雀の声が聞こえてきた。以前と同じように、静かな廊下によく響く鳴き声だった。

中嶋さんはまっすぐに仏間へ向かい、勢いよく襖を開けた。

途端に、かしゃん、かしゃんと金属の鳴る音がした。

鳥籠の中には、相変わらず鳥らしき姿はない。だが、鈍く光る底に白い粒が四つ落ちていた。

近づいてみると、どれも歪な四角いかたちをしている。

それは、中嶋さんが埋めた四本の前歯によく似ていたという。

以来、決して仏間に近づくことはなかった。

祖母に問いただすことをしなかった彼は、得体の知れない恐怖を感じながらも、すべての乳歯を愛宕さんに埋め続けた。


「わけのわからないことなんですが」

あの時、鳥籠の中身を手に取ってみる勇気がどうしても出なかったんですよね——と中嶋さんは力なく笑った。

現在彼は、愛宕さんへ続く裏山の一部を耕して、小さな畑を作っている。

作物はよく育つそうだ。

水底に消える

磐梯《ばんだい》高原の中心に位置する桧原湖《ひばらこ》は、明治二十一年の磐梯山の噴火によってできた湖である。南北に細長く伸びた堰止湖《せきとめこ》であり、湖底には噴火当時に宿場町として栄えていた桧原村が沈んでいる。季節ごとに違った顔を見せる磐梯高原の自然は人々を魅了し、ハイキングやワカサギ釣りなど一年を通して多くの観光客が訪れる。

その秋、恋人と一緒に桧原湖を訪れた夕子さんはボートに乗って湖の北へ向かった。北側の山麓には、噴火による水難を逃れた大山祇《おおやまづみ》神社の社がある。神社の入り口の鳥居は普段は水没しており、湖面から覗き込むと水底で息をひそめる様を確認できるという。水位の低い時期には上部の横木が僅かに顔を出し、かつての参道や並木の跡が露《あら》わになる。情趣溢れる鳥居に心惹かれた夕子さんは、一度見てみたいと恋人を誘ったそうだ。

紅葉シーズンとあってか、湖上には夕子さんたち以外にもたくさんのボートの姿があった。のんびりと釣り糸を垂れる人、小島をまわって景色を楽しむ人、皆さまざまだが、鳥居を目指しているのは夕子さんたちだけのようだった。

交代しながらボートを漕いでいくと、ようやくそれらしきものが見えてきた。

濡れて黒ずんだ鳥居の上部が、波の合間に見え隠れしている。

さらに近づこうと夕子さんがオールを支える手に力を込めようとしたとき、正面に座っていた恋人が背後の山を指さした。

「降りてくる人がいるよ」

振り向くと、山麓に二人の女性の姿があった。紺色の、セーラー服のような出で立ちだ。お参りに来た学生だろうか。

「山側のハイキングコースから来たのかな」

そのほうが早かったかもしれないね。そう笑いあっていた次の瞬間だった。

セーラー服の二人組は、途切れた参道の際からさらに湖へと足を延ばした。

夕子さんは驚いて、思わずその場で立ち上がりそうになった。

二人の女性はためらう様子もなく身体を浸し、湖に溶け込むようにやがて水中へと消えていった。まるで湖が彼女たちの住処であるかのごとく、自然な動作だった。

夕子さんたちは言葉を失ったまましばらく湖面を眺めていたが、人が浮き上がってくる様子はなかった。

一体あれはなんだったのかと、夕子さんは今でも時折思い出す。

それほどまでに、妙に美しく、寂しい絵として心に刻まれているのだという。

エビス講

円谷さんという八十代の男性から聞いた話。

炭問屋を営んでいた円谷さんの生家では、毎年十月にエビス講が行われていた。

エビス講とは、主に商家が中心となって商売繁盛を祈願する民間行事である。

円谷さんの生まれ育った白坂は農家を営む家が多く、商家は彼の家を除いてほかに二、三軒程度しかなかったため、行事事にはみな大きな商家である円谷さんの家に集まった。

エビス講の日には、床の間にエビス大黒の掛け軸をかけて祭壇をつくる。祭壇には一升マスいっぱいのお金と白米、活きたフナやシジミのはいったどんぶりを供えるのだという。

その年の円谷家のエビス講は大いに賑わった。

酒盛りが始まると商家のみならず周囲の民家からも次々と人が訪れて、しまいには祭りの様相を呈していた。

祭壇に捧げられたどんぶりの中のフナやシジミは、講が終わると近くの小川に放流される習わしだったが、なかなか宴会の幕が下りそうになかったので、円谷さんたち子供がその役目を買って出た。

円谷さんと兄と妹の三人は酔客たちの喧騒を抜け出し、どんぶりを抱えて日暮れの小径《こみち》を歩いた。喋っているうちに、夕日はあっという間に山の向こうへすべり落ちていった。

二十分ほど歩いて、ようやく目印である八幡神社の森が見えて来た。森の中には平安時代の商人である金売吉次《かねうりきちじ》のものと伝えられる墓があり、その横に細い小川が流れている。

円谷さんたち兄妹はフナを小川へ放し、大人たちに言われた通り「ありがとうございます」と手を合わせた。続いてシジミを流そうとすると兄が、半分だけにしよう、と円谷さんを止めた。

「あとの半分は、今年は金売吉次の墓に供えにいこう」

エビス講は商家の行事だ。たまには商人の墓に供え物でもした方が繁盛するのではないかというのが兄の言い分だった。年長者の意見に、円谷さんも妹も賛成した。毎年、どんぶりの中身をすべて小川に放流する決まりだったが、墓に供えるのだから罰も当たらないだろう。

円谷さんたちは下草を分け入って、石囲いの中にひっそりと佇む墓前に残りのシジミを供えた。三人揃って手を合わせ「儲かりますように」と子供らしからぬことを言った。

帰り道はすっかり日が暮れていた。自宅ではまだ宴会が続いているだろう。父親は酔いつぶれて寝ているかもしれない。軽くなったどんぶりを片手に話していると、突然近くで声がした。

「カッタ！　カッタ！」

威勢の良いだみ声は、父親のものによく似ていた。

心配して迎えに来たのだろうか。珍しいこともあるものだと辺りを見回したが、誰も見当たらない。三人は顔を見合わせた。

家に着くと、宴会はさらなる盛り上がりを見せており泥酔者が増えていた。父親は予想通り、畳に横たわって酔い潰れていた。ひと仕事終えた円谷さんら兄妹は大皿をつまみながら、さきほどの声は誰だったのだろうと興奮気味に語り合った。

翌朝、円谷さんが台所へ行くと、母が奇妙な顔をしていた。

「あんたたち、昨日いたずらしたかい？」

なんのことかと聞き返すと、床の間へ連れて行かれた。床の間には前日のエビス講の名残があった。端に寄せられた祭壇は前日よりも幾分か小ざっぱりしていたが、上に乗ったものを見て、円谷さんは驚いた。

祭壇の二つの椀の中に、溢れんばかりのシジミがこんもりと盛られている。

母親によれば、片付けたあとの床の間には誰も入っておらず、心当たりがないという。

子どもたちがどんぶりのシジミを放流せずに持ち帰ってきたのだろうという父親の言を

聞かされ、円谷さんは精一杯否定した。ついでに、小川へ流した残りの半分を金売吉次の墓へ供えたことも打ち明けた。

するとと母親は破願して、

「あら。じゃあそのせいかもしれないわね」

と納得したように言った。

以来、円谷家ではその日の出来事を「金売吉次の恩返し」と呼んでいるという。

いにしえより

須賀川市に、「和田大仏及び横穴古墳群」という史跡がある。

通称、岩屋大仏と呼ばれるその一帯には多くの古墳が点在し、崖面には弘法大師が諸国行脚の際に掘ったと伝わる大日如来が坐している。

小学生の頃、熱心に史跡巡りをしていた小松さんは友人と二人で大仏を見に行ってみることにした。

阿武隈川沿いに田畑を挟んでうねる細道を行くと、小さな立て看板が矢印のみで先を示す。右手に連なる木立を気にしながら歩いていると、友人が「ここじゃない？」と立ち止まった。杉林に囲まれた入り口は鬱蒼として、一見するとそこに古の祈りの場が存在するとは気が付かない。小松さんと友人は傾いた石段を登って林の奥へと進んだ。

輪郭の覚束《おぼつか》ない大仏は、ごつごつとした岩肌の中央に掘られていた。

苔《こけ》むしてなお、穏やかな表情を湛える大仏の首から下は、かつてはあったであろう凹凸がほとんど失われ、つるりと平面的だ。その昔、乳の出ないことに悩んだ婦女たちが仏の加護に縋《すが》り、大仏の乳部を削り取って飲んだためだという。

大仏の周囲にはいくつもの横穴がくり抜かれている。

小松さんがまじまじと大仏を眺めていると、落ち着きなく周囲をうろついていた友人が言った。

「穴の中にもいっぱいあるじゃん」

見ると、横穴の壁面にも小さな仏像がずらりと彫られている。

「よくわかんないな」

友人は身を屈めると、膝を付いてするりと横穴に潜り込んだ。

小松さんはぎょっとした。仏像のあるような神聖な場所は、やたらと手を触れたりしてはいけない気がしていた。やめなよ、と呼び掛けたが友人は「大丈夫だって」と笑った。

横穴から、むき出しの太腿《ふともも》が無防備に晒《さら》されている。夢中で見ているようだ。

「どう？　すごい？」

少し離れた場所から遠慮がちに聞いてみるが、友人は黙ったままだった。何か様子がおかしい。横穴の外に飛び出している健康的な足は、さきほどからぴくりとも動かない。

小松さんは駆け寄ってキュロット越しに友人のお尻を叩いた。

やはり反応はない。身体が硬直している。中で具合が悪くなったのだろうか、とにかく外に出さなければならない。しゃがみこんで横穴に手を入れ、Tシャツの裾を思い切り引っ張った。反動で友人の頭が横穴の天井にぶつかり、ごん、と鈍い音がした。「ごめん」言いながらもさらに強い力で引っ張り、やっと友人の身体を引きずり出すことができた。勢いで、二人とも尻もちをついた。

「大丈夫？」

一体どうしたのかと小松さんが聞くと、友人は肩を上下させながら見開いた目を向けて、

「いや、ありがとう」

と言った。

聞くと、横穴に潜り込んだとたん、息ができなくなったのだという。どうにか出ようとしたが、身体もまったく動かなくなってしまったらしい。

「なにそれ、怖いよ」

はやく帰ろうと話していると、どさり、と音を立てて何かが落葉の中に沈み込んだ。

小枝が落ちたにしては大きい、重さを感じる音だった。

二人が近づいてみると、そこには二匹の蛇の死骸がぐったりと横たわっていたという。

万歳が来る

戦後間もない頃の話だ。

正月になると佐千子さんの家には風変りな訪問者がやってきた。

会津万歳《あいづまんざい》と呼ばれるその来訪者たちは、ひょっとこや七福神などの面を被り、新年の祝詞《のりと》を歌ったり、小鼓《こつづみ》を叩きながら面白おかしく踊ってまわる。会津地方に伝わる民俗芸能を披露する彼らの面の下の顔は、至って普通の農業従事者たちだ。山深くの田畑が雪に覆われはじめると、白河あたりの南に下って裕福な商家を訪ねて歩く。いわゆる農閑期の出稼ぎであった。

会津万歳は、民謡や風刺を題材にした豊富な演目とユーモラスな掛け合いで人々に喜ばれたが、酒造の箱入り娘である佐千子さんの目には、異様で恐ろしいものとして映った。新年が近づく度に、いつ会津万歳がやってくるのかと考えては怯えていたという。

佐千子さんが六つになった頃のことだ。

その年の正月も会津万歳はやってきた。面を被った人が二人と鼓を持った人が二人。玄関先でその姿を認めるや否や、例によって佐千子さんは広い家の中を逃げまわった。親族たちは広間に集い、正月膳を前に万歳を楽しんだが、佐千子さんは始終母親の後ろに隠れて手鞠をもてあそんでいた。面白いから見ろとしつこく言ってくる姉たちを振り払い、食事が終わると逃げるように広間の外へ出た。どうしても見たくなかった。以前ちらりと見てしまったひょっとこ面は夢に出るようになり、しばらく魘《うな》される日々が続いたそうだ。

正月を終え、冬も過ぎた春先のある日のこと。

佐千子さんは姉たちと隠れ鬼をして遊んでいた。五人姉妹の中で、末っ子の佐千子さんはいちばん隠れるのが上手だった。その時も、人の出入りの少ない蔵に入って、大きな樽の陰に隠れていた。鬼である姉の声はなかなか聞こえてこない。時折ひょいと顔を出しては、半分空いた鎧戸《よろいど》の間から庭の様子を窺ったが、外に人がいる気配もなかった。見つけてもらえない時間が長いと心細くなってくる。

何度目かに外をのぞいた時、佐千子さんの心臓は跳ね上がった。

庭には、ひょっとこがいた。鎧戸の間から見えるだけで三人、皆ひょっとこの面を被っている。佐千子さんは咄嗟に身を隠した。

とうに正月を過ぎたというのに、どうしてまた万歳が来ているのか。

両手で肩を抱き、樽の陰にうずくまっていると、やがて小鼓を打つ賑やかな音が聞こえ始めた。姉はまだこちらに来そうにない。いっそ蔵から出てしまおうかと、薄目を開けておそるおそる外を見た。

一人のひょっとこは脚を大きく上げながら奇妙に踊り、もう一人は皿をよろめきながら皿を回し、さらにもう一人は地べたに座り込んで小鼓を打っている。

やはり蔵から出て行くことはできそうになかった。

どのくらい時間が経っただろうか、佐千子さんが姉に見つけられた時には、小鼓の音は止んでいて、ひょっとこたちの姿はどこにもなかった。

半べそをかきながら、姉たちに万歳が来ていたことを話すと、そんなものは来ていないという。怯えるあまり、夢を見たのではないかと母は笑ったが、佐千子さんには到底夢だとは思えなかった。

ひょっとこたちが踊っていた庭先には、季節外れの南天のような赤い実がたくさん散らばっていたそうだ。

奥羽異譚・福島編

ひとつ目小僧といえば、どこかユーモラスな外見で知られる妖怪だが、不思議なことに、福島県は〈ひとつ目〉にちなむ奇談が少なくない。

そういえば、福島には十二月八日と二月八日に、唐辛子で目や鼻をつけた目籠を門前に出す風習「メケイ八日」がある。これは、ひとつ目の悪鬼を追い払うためとされている。なにか因果関係があるのだろうか。

『会津ふるさと夜話2』(川口芳昭/歴史春秋社)では、近世後期の『会津怪談録』(作者不詳)に載っていた話として、以下のような説話が紹介されている。

《ある夕暮れ、屋敷に仕える女が庭の菜園へ野菜もぎに出かけた。すると菜園には八、九歳とおぼしき童子がいて「金がほしいかい」と問うてくるではないか。女が「そりゃほしいさ」と返事をするなり、童子は「これか」と顔をこちらに向けた。見ればその顔には耳も鼻もなく、ひとつきりの目が女を睨んでいた。女は驚きのあまり気を失い、家人が見つけるまで庭に倒れていたという》

会津浪人・三坂春編《みさかはるよし》が寛保二年に書いた奇談集『老媼茶話《ろうおうさわ》』にも、福島の怪談が数多く載っている。そのなかから〈ひとつ目〉にちなんだ一話を紹介しよう。

《会津若松の城安寺には、幽霊を写した画がある。この幽霊は陸奥会津藩主・蒲生秀行《がもうひでゆき》の乳母で、冤罪のすえ自害した人物だという。乳母は葬儀の直後から昼夜なく寺を歩くようになったため、僧が絵師に相談し幽霊の姿を描いてもらった。それが功を奏したのか、まもなく幽霊は出なくなったといわれている。

もっとも、この寺は昔から怪しいモノが出るとの噂があった。あるとき、雪隠《せっちん》に行った者が厠《かわや》でひとつ目入道と遭遇し、驚きのあまり死んでしまった。また境内にある榎の樹下でも、怪しい童女や古入道を見るそうだ》

残念ながら城安寺は戊辰《ぼしん》戦争後に廃寺となっている。幽霊の絵はどうなったのだろう。ほかにも『老媼茶話』には、古寺で生首を集めるひとつ目小僧たちの話「一目坊」なども載っている。こちらの舞台は箱根あたりのようだが、会津出身である春編があえて書き残した点は興味深い。

秋田県

だびょん

鶴乃大助

現在、七十代の藤田肇さんと幸江さん夫婦は、各地の温泉を巡るのが趣味だ。

車に温泉の入浴セットを常に載せ、ドライブに行く時は必ず日帰り入浴を楽しんでいる。

そんな藤田さん夫婦が今から二十数年前に体験した出来事。

時期は本格的な雪が降る直前の十二月の初旬だったという。

その日も秋田県内をドライブして楽しむと、青森の自宅に帰る途中、県北の小さな温泉宿を訪れた。

「こんにちは」

幸江さんが玄関で声をかけると受付から、人の良さそうな初老の男性が出てきた。

「いらっしゃいませ。日帰り入浴ですか?」

「はい。いいですか?」

「どうぞどうぞ。今、誰もいないんで貸し切りですよ」

男性が愛想良く答える。

二人分の入湯料を払い、宿の中に入る。

館内は古いが、掃除も行き届いている。案内板に従い廊下を進んで行くと、大浴場にたどり着く。そこで夫婦は男湯女湯別々の暖簾《のれん》へと別れた。

大浴場は湯気が立ちこめ、僅かな硫黄のにおいが漂う。数人で満員になる広さだ。

肇さんは洗い場で身体を洗うと、直ぐさま湯に浸かった。

「おお！　いい湯だ」

泉質も温度も肇さんの好みで冷えた体を芯から温めてくれる。

「おーい！　いい湯だな？　貸し切り風呂は堪《たま》んねえな」

女湯の幸江さんに声を掛けてみる。

「フー、いい湯ね。幸せ！」

湯に浸《つ》かりながら少しの間、壁越しに夫婦の会話を楽しんだ。

しばらくして肇さんは湯から上がり、洗い場の真ん中で髪を洗い始めた。

すると脱衣所の戸が〈ガラガラ〉と開き、少し間を置いて閉まる音がした。

（ん？　誰か来たか）

背中越しに、誰かが通る気配を感じる。

ジャポン――ザブーン
（掛け湯も体も洗わずに、いきなり湯さ入るってどった《なんて》奴だ！）

ジャポ――ジャポ――ジャポン――ザブーン
またひとり、湯船に入る音がする。
ジャポン――ジャポン――ザブーン
（三人？　三人ともマナーがなってねえな！）
肇さんは急いで頭の泡を洗い流し、湯船にいる三人を一瞥《いちべつ》しようと目を開けた。
（え？　……）
湯船には――誰もいなかった。
源泉が注ぐ音がするだけで、湯面は静かなものだった。
温まったはずの体が一気に冷えていく。
湯を体に掛けて泡を洗い流し、急いで大浴場を出る。
（気味悪いじゃ）
バスタオルで体を拭き、凄まじい早さで服を着る。
その間も大浴場からは音はせず、脱衣場にも服や浴衣を脱いだ形跡はない。
髪も乾かさず、脱衣場を後にする肇さんは小走りに廊下を抜けて、玄関で靴を履く。
「あ、ありがとうございました」
肇さんの慌てように驚く受付の男性の声を背にしながら、外へと飛び出した。

「ハァハァ……なんだばあれ?」

自分の車に乗り込み、エンジンを掛け、わずかに震える手でタバコに火を点ける。

落ち着いて考えてみるが、気のせいではない。

確かに、誰かが入って来て湯に入る音がした。

(このまま車で幸江を待つか……)


三十分以上待っただろうか、ようやく幸江さんが車に戻ってきた。

「お待たせ! どしたの? ロビーで待ってるかと思ったら、車さいたんだね」

肇さんは大浴場での出来事を幸江さんに話そうか迷っていると、幸江さんが驚くことを言ってきた。

「男湯、随分と賑やかだったじゃな。なんか歌まで歌ってたし」

「え? 歌?」

「そう。民謡みたいなの歌ってたじゃな。笑い声上げて手拍子したりしてさ」

肇さんの表情が固まっていく。

「あ、あのよ、男湯オラ一人だったんだ。髪洗ってたら、誰か入って来て音したんだけど湯さ、誰もいねがったんだね。そいで、オラおっかねくなって湯から出たんだ」

「え？　一人？　あんたど湯さ浸かりながら話っこして、わんかしたら《少ししたら》他の話し声聞こえてきたんだ。そしたら歌っこも聞こえてきたんだよ。へば《じゃあ》何？　あの声はなんなの？」

「ゆ、幽霊だびょん《かもな》……」

肇さんと幸江さんは何も言わずに前を向くと急いで温泉を後にした。

羽州街道沿いで、四百年の間、湯治場として人々を癒やしてきたこの温泉は、傷痍《しょうい》軍人の保養施設としても利用された歴史がある。

しかし、現在は廃業し、秋田杉に囲まれる山中で廃墟と化している。

掛歌

私が今から二十数年前に、秋田県内の公園で行われた趣味のバイク仲間が集まるキャンプに参加した時のことだ。

その会場となった公園は県南を走る国道から街を抜けて、小高い山の上にある。道を登って行くと、大きな溜め池が現れ、更に上には山小屋風のロッジを中心にキャンプ場や野球場が点在する木々に囲まれた自然豊かな公園だ。

「お疲れ様!」

「久しぶり」

私がキャンプ場に着くと、地元の仲間がすでにキャンプをしており、次々と遠方から来る仲間を出迎えていた。

バイクの調子が悪く、車で参加した私もキャンプ場にテントを設営すると、久々に会う面子《メンツ》とビールで喉を潤した。

私は中でも、親しい友人である二歳年上の植木さんと久々の再会を喜んだ。

東京から来た植木さんは音楽好きの私に、珍しい海外のロックバンドのＣＤを土産代わりに、と持ってきてくれた。

植木さんと私は、日が落ちてから夕食を済ますと、キャンプ場から少し離れたところにある駐車場に向かい、私の車でＣＤを大音量で聞く。

「かっこいいっすね！」

「でしょ？　やっぱりオリジナルメンバーだよね」

バンドが奏でる重厚な音を楽しんでいると、私は二、三本飲んだビールのせいか、尿意をもよおした。

「ちょいと小便してきますわ」

「あいよ」

運転席のドアを開けて、地面に足が着いた時だった。

急に首の後ろを、何かに掴まれるような強い力で引っ張られた。

そこから私の記憶は無い――。

失神したのだ。

「おい！　おい！　鶴乃！　大丈夫か！」

植木さんの声で、私は目を覚ましたが何が起きたか理解できずにいた。

すると、急に吐き気が襲ってきた。

草むらですべてを吐き出すと、体は楽になった。

「気分良くなったか？　急に後ろへ倒れたから、びっくりしたよ。でも車の方に倒れたから頭はぶつけてないぞ」

その日、特に体調が悪かったわけでもない。

自他共に認める酒豪の私が、ビール二、三本で失神するほど酔うこともない。

まるで首の後ろから魂を引き抜かれたかのようだった。その感触を引きずったまま、介抱してくれた植木さんに礼を言い、彼とキャンプ場に戻った。

そこで、このキャンプを主催する友人の江田島さんにこの件を話した。

「何か、いぐねえもんに引っ張られたんでねが？」

「いぐねえもん？」

「ここよ、出るんだ。幽霊が」

「え？　出るんすか？」

「んだ。昼来てすぐに帰った太田って若いもんいたべ。アイツもよ、ここで幽霊見てんだ。だがら怖くて顔出してすぐに帰ったんだ」

江田島さんが焚き火を前に、太田さんが体験したという話を語り始めた。

以前に、太田さんは友人と二人で、地元では、密かに心霊スポットと噂されているこの公園に肝試しで訪れた。真夜中のことである。

ロッジ近くにある駐車場に車を停めて、真っ暗な公園の遊歩道を歩く。

自分たちの声だけが響き渡る、不気味な静けさだったという。

二人は坂道を下ると、溜め池が一望できる東屋に入った。

「気持ち悪いなあ……」

池には白い霧が水面に漂っている。懐中電灯の光を照らすと、綺麗な光線を出すが、それさえもすぐに霧の中に飲み込まれていく。

すると霧が中央にゆっくりと集まりだした。

「ん？　なんだあれ？　池の真ん中、見でみれ！」

霧が何かの形になっていく。

「あ、あれは……」

白い霧が人の形になり水面に立っている。

恐怖で呆然と立ち尽くす彼らの方に、それは水面を音を立てずにスーッと向かって来た。

「うわぁ！」

二人は踵《きびす》を返すと、一目散に坂を駆け上がり、駐車場へ逃げる。

もう少しで駐車場という辺りで、太田さんは後ろを振り返った。

人の型をした霧は、彼らが先ほどまでいた東屋の屋根の上にいた。じっとこちらを睨む

かのように、ゆらゆらと立っていたという。

太田さんの体験を語り終えた江田島さんはさらにこの地に関する話を教えてくれた。

「この辺りは昔、〝後三年の役〟て戦があった場所なんだ。だがらかわがんねえけど、武士とか生首の幽霊を見たとか、すったらだ話が地元じゃ多いんだ。それと自殺が多くてな、池に飛び込んだり、首吊ったり、車で自殺したりする奴とかが絶えね場所なんだ」

私は酒を飲む手を休め、江田島さんの話に耳を傾けた。

「鶴乃が引っ張られたのも、もしかしたら戦で死んだ奴らが関係してるかもな」

「どういうことっすか？」

「さっきから、何か聞こえるべ？」

先ほどから、独特な節の歌が麓から聞こえている。

「あれよ、麓の八幡様の大祭で掛歌《かけうた》ていってな、一晩中歌うんだ。後三年の役の最後の合

戦場だったこの辺の鎮守で建てられた神社の祭りだからなあ、今日だば、何があってもおがしくねえぞ……」

江田島さんは麓の神社の明かりを見ながらビールを一気に飲み干した。

キャンプ場を囲む林から（何かに見られてる）そんな気配がする夜だった。

数ヶ月後、江田島さんから、あの日のキャンプのスナップ写真を見せてもらった。

それはロッジ内で撮影され、知った顔が数名、酒を片手に楽しそうに写っている。

しかし、彼らの背後の窓には、幾つもの異形の顔と手形がびっしりと張りついた異様な物だった。

湖畔の森

秋田県に住む小島さんは、後輩から、こんな話を聞いた。

「うちのワラシ《子ども》が、車で通ると必ずおっかねがる《怖がる》場所あるんですよ」

その場所は、田沢湖の湖畔を周回できる県道が森の中を通る辺りにある。

「怖い人が入ってくるから、窓閉めて！」

五歳になる息子が奥さんの実家に行く時にこの場所を通ると、窓から目をそらして酷《ひど》く怯えるという。

「何か見えてるんですかね？　森の中に。気味悪くてワラシに聞けないんですよ」

そんなこともあるんだ。その程度に話を聞いた小島さんだったが……。


八月のある日。

小島さんは、東京から遊びに来た友人の岩田君と美沙さんを連れて田沢湖にドライブに出かけた。

天気にも恵まれ、絶好のドライブ日和。コバルトブルーの湖面は陽の光が当たり、美しく輝いていた。

「わあ！　綺麗」

「スゲエ！　綺麗ですね」

窓を開けて、新鮮な空気を満喫する二人は無邪気にスマホで写真を撮りまくる。

「田沢湖は、日本で一番深い湖なんだ。辰子姫《たつこひめ》って美人さんが龍になって、湖ば守ってるんだ。美沙ちゃん、後で辰子姫が祀ってる神社さ連れてくな。美の神様だからよ」

「やったあ！　御利益あるといいなあ」

車は観光名所のひとつ『たつ子像』の前を通り、湖畔の道を進んで行く。

さすがに夏休みだ。車も人もいつもに比べて桁違《けたちが》いに多い。

湖を南に進むと道が湖畔から、森の中へと続くのが見えた。

(あの場所、確かこの辺だよな)

小島さんは後輩の息子の話を思い出す。

「岩田君ちょっと、窓閉めてくれる？」

「いいっすよ」

助手席に座る岩田君が窓を閉めた時だった。

「わぁ！　痛《いて》え！」

岩田君が左腕を押さえて、苦しそうな声を上げた。

「どした？　大丈夫か！」

「大丈夫？　どうしたの？　え？　怪我？」

急に痛みを訴え出す岩田君に、小島さんも美沙さんも狼狽《ろうばい》する。

「どこかさ、ぶつけたのか？」

岩田君が顔を歪め、首を横に振る。

小島さんが路肩に車を停めようかと考えていると、後部座席から美沙さんが声をかけた。

「小島さん。前見て！　事故みたいよ」

警察のパイロンが車線を規制するように置かれ、その先には赤色灯を回した警察車両が数台と何人かの警官の姿が見えた。

車のスピードを落として事故現場を通過すると、ガードワイヤーに食い込むように、カワサキの黒い大型バイクがバイクの底をこちらに向け横転している。

事故の様子から、ライダーは大怪我か亡くなっているに違いない。

（これだな。岩田君の痛みの原因は……）

事故に遭ったライダーの痛みを岩田君が感じているのではないかと、小島さんは直感的に思った。

「小島さん。どうする？　病院に連れて行く？」

「いや、神社さ行くべ。今の事故のライダーが岩田君に憑いたかも」

湖の北側には辰子姫を主祭神とする御座石《ございし》神社がある。

「岩田君。多分、事故現場で、何か憑いたんだ。神社さ行くから、もう少し辛抱しろよ」

岩田君は短く頷いた。


十分ほどで、車は御座石神社に到着した。

「着いたぞ！　岩田君、降りれるか？」

「い、いや……」

「したら待ってろよ。今、拝んでくるから。美沙ちゃん行ぐべ」

小島さんと美沙さんは急いで神社に向かった。

無礼を承知で礼もせずに鳥居をくぐり、他の参拝客を追い越して石段を駆け上がる。

社殿に着くと、二人は慌ただしく鈴を鳴らし、手を合わせた。

（神様。岩田君に憑いた何か、いぐねえものなんとかして下さい！）

目を閉じ、必死の思いで祈る。

そして二人は御神体に向かって深々と頭を下げ、挨拶を終えると、車へと急いだ。

岩田君は車から出て、小島さんたちを待っていた。

「もう大丈夫か？　なんともねが？」

「さっき、スーッと痛みが消えました。ありがとうございます。なんだったんですかね？　窓閉めた途端、急に左半身がビリビリと痛み出したんですよ」

首を傾げ不思議がる岩田君は、汗でびっしょりと濡れていた。

帰宅後、夕方のニュースでは昼の事故が報じられた。ライダーは即死だった。

「あの場所、何もねえ所なのに事故多いんだよ。森の向こう側じゃ、水上バイクの死亡事故あったしな。それと後輩のワラシ、今でもあそこ通れば、おっかねがってるんだ。やっぱり、森の中さ何かいるんだべな」

奥羽異譚・秋田編

禁忌を破って龍と化した八郎太郎や、酒飲みの巨人・三吉鬼など、秋田には怪しい人物の伝承が多い。以下に登場する男も、そんな〈怪人〉のひとりになるだろうか。

《福田（現・由利本荘市）に住む藤原喜平なる男は、ムカデや蛇を美味そうに食べることから〈悪食喜平〉と呼ばれていた。驚く周囲をよそに、喜平は「ムカデや蛇を食うと喉が渇くが、蕎麦酒を飲めば溶けてしまう」と嘯《うそぶ》いていたのだという。

あるとき、藩主が退治した大ムカデを喜平に与え「食うてみよ」と命じた。喜平はいつものようにぺろりと食べたが、蕎麦酒を切らしていたため消化できず、目や口から夥しい数のムカデが這いだし、逆に喰い殺されてしまったそうである》（『羽後の伝説』木崎和弘／第一法規出版）

なんとも奇態な悪食喜平だが、単なる想像上の人物というわけではなさそうだ。『大内村郷土史』（大内村郷土史編纂委員会）によれば、由利本荘市には喜平を祀った塚があるという。盆には塚で法要がおこなわれ「キヘサマ、キヘサマ、ヘビカッパニ、トラレネャヨニ、マモレ、マモレ」と唱え、塚の周囲を三度廻るのが慣わしになっている。喜平が実在の人物だとすれば、壮絶な最後も真実であったのだろうか。

宮城県

あいつアレルギー

小田イ輔

A氏は五歳の頃、日曜の夜に毎週体調を崩していた。

それは、昭和六十二年の年明け間もなくから春にかけてのことだったという。

「不思議なんだけどさ、なぜか決まった時間に蕁麻疹《じんましん》が出たの、同じところが同じように真っ赤になってね。でも次の日にはキレイに治ってるんだ」

左の首筋から右肋骨《ろっこつ》の下あたりまで、湿疹《しっしん》は体を斜めに横断し、首まで上半分が熱感を伴い強烈に痒《かゆ》くなった。

「親が言うには、こう、赤くなった皮膚と正常な皮膚の境目がスパッと袈裟《けさ》に斬られたみたいに真っ直ぐ揃ってたんだって、毎回毎回」

当初、彼の両親は慌てふためき、A少年を連れて夜間診療をおこなっている病院に駆け込んだが、医者の診察を受けても原因は不明だった。

「何かのアレルギーなんじゃないかと言われたようでね」

病院でアドバイスを受けた両親は、食べ物や衣類の素材、使っている洗剤の種類など、アレルギーを起こす可能性があると言われた様々なものに注意を払い、A少年の体質に合ったものを模索したそうなのだが、症状は一向に改善されなかった。

「そもそもさ、日曜の夜にだけ蕁麻疹が出るってのがおかしいよね、食い物とかが原因だったのなら、日曜に限らず毎日アレルギー起こすでしょ普通」

日曜の夜に何か特別なものを食べたり着たりしているのであれば別だが、彼によれば他の曜日と同じようなものを食べ、着ていたとのこと。

ならば確かに、そのタイミングでだけアレルギー反応が起こるのはおかしい。

「蕁麻疹ってひどくなると呼吸困難とか起こすらしくて、医者からは呼吸音がおかしい時は救急車呼ぶようにとか、そんな話になってたらしい」

症状が出始めてから三ヶ月が過ぎ、大学病院の専門科を受診することも話に出始めた矢先、しかしあることをきっかけに、A少年の蕁麻疹はピタリと治まった。

「当時は父方の実家で暮らしてたんだけどさ、隣町に住んでいた母方の祖父さんが、俺の状態を聞いて『日曜はAをこっちにあずけろ』って言いだした」

母方の祖父は医者でもなんでもないのだが、どうも思うところがあったらしい。

「それで、行ったんだよね、日曜日。親としては藁《わら》にも縋《すが》りたかったんだろう」

するとその夜、特別なことをしたわけでもないのに、A少年は蕁麻疹を発症しなかった。

住まいの問題だったのだろうか？　彼の両親は安堵しつつも首をひねった。

「そしたら、うちの両親に向かってさ、祖父《じい》さんが『やっぱり政宗のせいだべ』って、変なことを言い始めたんだって」

昭和六十二年には、年明けから、伊達政宗を主人公とした大河ドラマ『独眼竜《どくがんりゅう》政宗』が放送されていた。渡辺謙《わたなべけん》が主演を務め、全国的にも人気を博したこのドラマは、政宗のお膝元であった宮城県でも好評を持って迎えられた。

A家でも、父方の祖父母が毎週楽しみに放送を待っており、日曜二十時には当然のようにNHKにチャンネルが合っていた。もっとも、毎度そのタイミングで孫が体調を崩していたため、のんきにテレビを見続けるわけにはいかなかっただろうが、どうあれテレビからは『政宗』が流れていたそうだ。

「俺も側でなんとなく眺めてた記憶はある。でもさ、母方の祖父さんの家では『政宗』を観てなかったんだよね、祖父さんが嫌だっつって、テレビの電源すら切ってた」

彼の母方の先祖は、一五九〇年、今の宮城県北で発生した葛西大崎一揆《かさいおおさきいっき》に加わっていたと伝えられており、その一揆は、伊達政宗によって鎮圧されている。

「ただ、葛西大崎一揆って、実は裏で政宗が糸を引いていたらしいって話があるんだよ。そうなると政宗は自分で焚きつけた一揆を、あたかも他人ごとのように鎮圧したってことになるわけ」

豊臣秀吉の惣無事令《そうぶじれい》を無視して領地を拡大していた政宗が、後の奥州仕置きによって失った会津などに代わって、今の宮城県北にあった葛西氏と大崎氏の旧領地を狙ったのがことの発端であったといわれている。

「そんでまぁ、一揆の主だった面々をなで斬りにしたとか、酷い話が伝わってる。だから母方の祖父さんにしてみれば、政宗って先祖の仇《かたき》ではあっても、土地の英雄とかではなかったんだな。それでさ、俺の中にも母方の血が流れているわけだから、まるで良い奴みたいに政宗を持て囃《はや》すテレビドラマなんか見ていてれば、体の調子もおかしくなるだろってのが、祖父さんの理屈だったみたい」

嘘か誠か、しかし結果的に、母方の祖父にならってA家においても『独眼竜政宗』を見なくなってから、A少年が蕁麻疹を出すことはなくなった。

「政宗アレルギーってことだったのかも。あいつ今でも人気だから、その辺のコンテンツ、俺はできるだけ触れないようにしてるんだ。また蕁麻疹出たら嫌だからね」

何かは飛んでる

宮城県のK市にはO川という川が流れている。

源流は岩手県にあり、県境をまたいで太平洋にそそぐ二級河川だ。

この川にまつわる怪談話は殆ど聞いたことがなかったが、一時期、非常に内容の似た、ある「目撃談」を複数得られたことがあった。

それは、十年前の震災の際、町が津波にのみ込まれる直前のこと。

話としては、K市上空に向かって「何か白い球のようなものが次々と打ち上がっていくのが見えた」というものであった。

ある者は国道二八四号線から、ある者は市内の高台の上から、またある者はO川にかかる橋の上からそれを見、うち一人は、写真に収めようとしたが叶わなかったという。

それが一体何で、如何なる理由から空に向かっていったのかはわからない。

わからないが、それぞれの目撃情報を重ね合わせ、それが見えた方向に線を引いていくと、その線はO川の河口付近、東北地方最大の有人島であるO島との間ぐらいの位置で交差した。そのことから考えて、少なくとも、彼らが同一方向に同一のものを見ていたのは間違いないように思う。

地震直後の混乱のただなかにあったとはいえ、それが物理的に観測できた事象だったのであれば、更に目撃情報がありそうなものだが、先述した数人の目撃談以外は得られていない。もっとも私が聞いて回った範囲でのことであるため、あるいは沢山の人間が見ていたのかも知れないが、そうであればもう少し話題になっているだろう。

結局、それが一体なんだったのかはわからないままだ。

ただ、後に市内で飲み屋を経営している男性から興味深い話を聞いた。

その際、私は「O川の河口付近で変な話ってないですか?」というように、それとなく話を振ってみただけなのだが、彼曰く、その付近では以前から「何かが飛んでいる」という妙な目撃談がたびたびあったのだという。

「人魂だ」という人もいれば「UFOだ」という人もいて、見え方はまちまちであるようなのだが、これまで何人もの客が「何か球っぽいものが飛んでいた」と主張することがあったらしい。それらが私の聞いた「津波の直前に打ち上がった白い球」と同じ類のものであるのかどうか不明だが、どうやら地震のあるなしにかかわらず、普段から何かは飛んでいるのかも知れない。

取り留めもない話で恐縮ではあるものの、こうして記しておくことで、他にも目撃情報が出てこないかと思った次第。

もし覚えのある方がいらっしゃったら、竹書房怪談文庫編集部までご一報下さい。

転倒の理由

日本全国津々浦々、どの県においても一ヶ所はある、通称「お化けトンネル」。

近隣に住んでいる若者は、高校を卒業したぐらいから二十代前半にかけて、車やバイクを自由に運転できるようになると同時に、こぞってそういう場所に出かけるものだ。

「幽霊は見たことないけど妙な体験ならある」と私に声をかけてくれた、現在四十代のY君も、今から二十年ほど前、そういう若者の一人だった。

「トンネルだけじゃないよ。俺の場合、県内の心霊スポットは殆ど全部回ったと思う。ただやっぱり印象に残っているのはMトンネルとTトンネルだな」

県北のMトンネルと仙台近郊のTトンネルは宮城県の有名なお化けトンネルだ。

鼻の頭をさすりながら、Y君は頷きつつ言う。

「俺は霊感とかないし、そういうのを怖がるっていう気持ちも殆ど無かったんだよね。むしろ幽霊見られればラッキーぐらいの感じで、週末に仲間と集まってさ」

男女六人の仲良しグループ、暇さえあれば皆で集い、ワイワイ騒いでいた。

楽しいことは楽しいが、田舎での遊びは限られており、ファミレスや居酒屋でダべるか、カラオケ屋で歌うか、河原で火を起こしてバーベキューをするか、ぐらいしかやることがない。

「だから結局、レジャーの一環として心霊スポット巡りをするわけ」

自殺スポットとして有名なY橋、今はもう無いが当時はまだ存在していた松島のOの祈り、Z区画が有名なK墓園等の有名どころから、磁石が狂うという噂のT峠や隣県のT不動等々、相当な数の心霊スポットを巡ったようだ。

「まぁその場のノリで、ギャーとか叫んだりしたことはあったけど、結局どこに行っても幽霊は見られなかった。暗がりに向かって無意味に何枚も写真撮ったりしたもんだ」

すると、最初に述べていた「MトンネルとTトンネルが印象深い」という話はどういう意味なのだろう？　幽霊を見るまで行かなくとも、音が聞こえたり謎の発光現象に見舞われたり、それっぽい体験でもしたのだろうか？

「いや『いわゆる心霊現象』の類には一度も遭ってない。MトンネルでもTトンネルでもね」

では一体、何が印象深かったというのか？

「事故ったんだよね、帰り道で」

Y君はいつも、仲間と心霊スポットに向かう際、一人だけバイクに乗って現地に向かっていたそうだ。

「車は五人乗りだったからさ、どうあれ一人余るんだよ。俺はバイク持ってたし、さっきも言ったように幽霊とか怖くなかったから」

他の仲間が乗っている車を先導するようにして颯爽《さっそう》と前を進む。

「細かったり、山深くて車を回せないような道も多くてね、俺が先に行って様子を見てくるってのが常だった」

車で行けそうな道かどうか判断し、場合によっては大分手前の広い場所に車を停め、心霊スポットまで徒歩で向かうこともあった。

「そんで、いつもと同じようなノリでTトンネルに行ったんだけどさ。帰りに突然の土砂降りに見舞われてね、スリップして転んじゃった」

幸いなことに命に別状はなかったが、ハーフヘルメットを被っていたことが災いし、路面に鼻から突っ込んで鼻が曲がってしまったという。

「そっから暫くして鼻が治ってから、今度はMトンネルに行った帰りだよ、また土砂降りに遭ってさ」

前回のこともあり、かなり用心して走行していたらしいのだが、またもやスリップし、同じように鼻頭を強打、鼻骨を骨折し鼻血が止まらなくなった。

「それ以来、俺は原付に乗っててもフルフェイスのヘルメットしか被らないんだ」

確かに、帰り道に事故を起こしたとなれば印象深くもなろう。

そして、それぞれ別の日に、別な「お化けトンネル」に向かったにもかかわらず、同じように土砂降りに見舞われ、同じ場所を怪我するというのも、妙な話である。

「でしょ？　でもさ、本当に妙なのは――」

Y君の後方を車に乗って追いかけて来た他の五人が、事故後、口を揃えて「雨なんか降っていなかった」と主張したのだという。

「Tトンネルの時もMトンネルの時も二回ともだよ。俺は俺で、確かに土砂降りにあったはずなのに、転んだ後に服とか触ってみると全然濡れてなくてさ。じゃあ、あの土砂降りはなんだったんだろ」

幽霊ではないが、幽霊のような雨に打たれ事故に遭ったのだとすれば、それはもうなんらかの怪現象として捉えたくなる。

「でも『雨』だからね、妙ではあるんだけどパッとしないというか、雨の幽霊とか聞いたことないし……妙な話ではあるんだけどさ……ホント、なんだったんだろうあれ」

海で立ってる

黒潮と親潮がぶつかり合う三陸沖は、豊富な水産資源から世界三大漁場の一つに数えられている。その海に面する三陸海岸は、北は青森から南は宮城まで、総延長で約六百キロメートル続く。南部にはリアス式海岸を伴い、入り組んだ地形が天然の良港を形成していることもあって水産業が活発である。以下は、そんな三陸沖での漁を生業としてきた、老漁師の語りである。

俺も、もう八十近くなってな、船降りでもう十年以上だもの、すっかり耄碌《もうろく》したわ。
思い出せば大変なごどばっかりだったげど、もはや何もかも懐かしい。
そうだなぁ、まぁ今はすっかりアレだげんとも、昔は確かに儲がったがんね。
それごそマグロ船だど一航海、一ヶ月も沖に出でれば百万も出だっけよ、給料。
魚の獲れがだ違ったんだ、まるっきり、今の比でねぇでば。
つったたって稼いだ金の使い方もわがんねくてな、酒飲んで女買えば無ぐなんのっさ。
悪ィごどもしたぁ、陸でも洋上でも。

何やったがは言わんねげっとな、まぁ小遣い稼ぎみでえな仕事よ。
人殺し？　バガでねの、片棒担いだごどもねぇわ、そんなごとすっかよ。
もっと可愛いもんだでば、今なら国際交流よな、ふふ。
そりゃ、事故だなんだで死んだのはもちろんいっけどな。
船がら海に転落すっと、まぁ見つかんねんだ。
辺りの船に無線で連絡して皆で探し回ってもサッパリでよ。
ああ、でもそういや、そういうのばっかりに当たる奴いだな昔。
海に浮かんでる死体をなんでが見つけでしまう奴いだんだ。
漁船の事故だげで無ぐ、陸から流されできたのなんかも見つけでよ。
本人も気味悪がってだな、なんでだべって。
普通何回も見っけるもんでねぇよ、どごまで行っても海だもの、広いんだもの。
奴はその当時で片手できかねえぐらい行ぎ当たったたつってだな、仏さんに。
不思議なごとっつのはあるよ、うん。
俺もさ、今だがら言えっけど、ずっと黙ってだごどある。
んだ、変なモノ見でだんだ、俺も。
いやいや、死体だなんてまだ良い方だでば。

死んでしまったのは気の毒だげども、死体は現実的にあるものだべ。
俺のは違う、なんだったのがわがんね、今でも。
んん？　ああ、良いげど、笑うなよ。
ヒト立ってだんだ、洋上に。
普通立ってねぇべ人、海の、水の上だぞ。
生きてようが死んでようが、人は海の上に立でねぇよ。
でも立ってだんだなぁ。
アレなんだったんだべな、思い出しても寒気するわ。
わがんね、男のようにも女のようにも見えだ。
よっぽど沖の、たぶん大体同じ辺りに、ぼやっと立ってでよ。
後ろも前も、右向いでも左向いでも海だぞ。
よしんばアレが幽霊だったどして、なんでそんなどごに立ってんのや？
陸のよ、事故現場だの、そんなどごならまだ「あぁ」ってなっぺどもさ。
理由がわがんねんだよな、あそごに立ってる。
俺らが船でしか通んねぇ場所で「うらめしや」でもねぇべど。
ああ？　だれ語るって、こんなごど語ってだら頭オガシグなったど思われる。

だがら黙ってだの、ノイローゼだなんだって言われでぐねがったしな。
あぁでも、どうなんだべなぁ。
俺が黙ってだってごどは、他の奴らも同じように黙ってだのがも知ゃねな。
俺ばりでねぐ、皆も見てだんだどすれば、今更だげど余計怖ぇな。
アレ、今でも立ってんだべが。

山で立ってる

東北地方は古《いにしえ》の産金地帯である。中尊寺金色堂《ちゅうそんじこんじきどう》で有名な奥州藤原氏《おうしゅうふじわらし》の栄華も、周辺の山々から産出された金が支えたものだったと言われている。また宮城県北部にあった鹿《しし》折金山《おりきんざん》からは、明治三十七年に重さ二・二五キログラム、金の含有量八十三パーセントという世界的にも最大級の自然金が産出されている。以下はそんな山々に囲まれた土地で生まれ育った四十代の男性、某氏が語った少年時代の話である。

小六の夏休み、仲良しで集まって公園で遊んでたんだよ。
そしたら仲間の一人が「このまえ洞窟見つけた」って言い出した。
そいつ学区の外れに住んでて、一人で山遊びとかする奴でね。
洞窟なんてホントかよと思ったんだけどテンション上がるでしょ。
すぐに案内させることにして、昼過ぎに男だけ五人で山に入ったんだ。
それで、行ったはいいんだけど、思ったよりも山深くまで進んでさ。
藪はすごいし、沢も越えなきゃだしで、今思えば普通に危険な道のりなんだよね。

俺も頑張って歩いてたんだけど、なかなか洞窟につかなくて。
嫌になって、もう帰ろうぜって言おうとしたタイミングで、気付いた。
何か変な人が立ってるんだよ、藪の先に。
ちょっと見たことない格好したオッサンがこっち見てたの。
「おいおい」って、ヒソヒソ声で皆を呼び止めて「誰かいるぞ」って言ったんだ。
でも皆、俺の指さす方見て「はぁ？」みたいな顔してんの。
こっちこそ「はぁ？」なんだけど、口揃えて全員「誰もいねえよ」っつうんだよ。
いや、そこにいるでしょ、ってヒヤヒヤでさ。
山の中で変な格好した大人が目と鼻の先でこっち見てんだもの。
ヤバいでしょ、もう一人でも引き返そうと思ってたら、先頭の奴が変なの。
「アレ？　前に進めない」とか言い出して。
足出しても見えない壁みたいなのに阻まれて進めなかったらしいんだ。
他の奴らも同じように試してたけどやっぱり前に進めない。
俺はもう何が何やらわからなくなってさ。
ちょっと先に行ったところではオッサンがこっち睨んでるしさぁ。
他の奴らはパントマイムみたいになってるしで。

結局、一斉に逃げ出したんだ、連中も怖くなったみたいで。
そっから暫く「あれ、なんだったんだろ」なんて話になってたんだけど。
確かめるにしても山の中だし、俺はもう一度行く気にはなれなかった。
でもこの話、まだ続きがあんのよ。
俺、大学に上がってから、教養で民俗学の講義とってたの。
そこで配られたレジュメに、あのオッサンと似た格好の写真があって。
山岳修験《さんがくしゅげん》の行者、要は山伏《やまぶし》っていう人たちなんだけど。
完全に一致ってわけじゃないものの、イメージは相当似てたのよ。
講義の内容としては、山岳修験って鉱物とか鉱脈と繋がりが深いとかでね。
んん？　って思って、あの時に皆で行った山のことをその後で調べたんだ。
思った通りでさ、あの山の近辺には古い金山があったらしいんだな。
ってことは、あのオッサン、修験者だったのでは？　という。
いや、さすがに現役じゃないでしょ、だからまぁ幽霊とか？
他の奴らには見えなかったってのもあるし、前に進めないとか怪奇現象だし。
どうなんだろね？　隠し金山みたいなのがあって、それを守ってんのかな？
いやいやわかんないけどさ、でもなんとなく筋道が立つ気がしない？

ああ、それで更にさ。
あの時に「洞窟見つけた」って言った奴、今でも付き合いあるんだけども。
大人になってから、もう一回、例の山に洞窟探しに行ったって言うのね。
山中をかなり歩き回ったみたいなんだけど、辿りつけなかったって。
昔のことで記憶が朧《おぼろ》げになっているとはいえ、子供の頃には行けた場所なのにね。
だから洞窟が本当にあったのかどうか、今となってはわかんない。
まぁ仮に辿り着いたところで、ロクでもない目に遭ってたんじゃないかって気もする。
そう考えると、結果的に俺らは、あのオッサンに救われたのかもしれないね。

メモリーグラス

鷲羽大介

私がＺｏｏｍの回線をつないでオンライン会議室に入ると、画面は三つに分割されていて、私と、ハルカさんと、ユキエさんの顔がそれぞれ映っていた。ふたりは手に缶ビールを持っている。ハルカさんは以前からの知り合いで、ユキエさんとはこれが初対面（？）だが、初めて会った気はしなかった。ふたりはよく似ている。まったく血の繋がりはないそうだが、小柄で丸っこい背格好も、猫を思わせるくりっとした目もとも、ふわりとウェーブのかかったセミロングの髪型も、おまけにゆったりとした花柄のワンピースを好んで着るところまで、そっくりだった。

「そうなの、よくカブるのよ」と、ユキエさんはくすくす笑いながら言った。

ふたりは親戚でもなければ、幼馴染というわけでもない。初めて会ったのは二十年ほど前、仙台の大学に入ったときのことである。ハルカさんは岩手県、ユキエさんは山形県の出身だ。姉妹のようによく似ているということもあって、たちまち仲良くなったそうだ。今はそれぞれ結婚して、ハルカさんは仙台、ユキエさんは東京に住んでいる。

つい先ほど、ハルカさんから、「東京の友達とＺｏｏｍ飲みしてるんだけど、いい話ができそうだから、鷲羽さんも参加しない？」と連絡が来たので、急遽《きゅうきょ》参加したのだった。

正直、気は進まなかった。ハルカさんはよく「聞いて聞いて、こんな怖いことがあったの」と話してくれる人なのだが、使えそうな話だったためしがない。どうせ今日も、存在しないはずの駅に降りたとか、小学校のトイレに花子さんが出たとか、そういう新味のない話なのかなと思っていたが、ユキエさんという不確定要素が加わることに、私は賭けてみたのだった。

私が入室して、ふたりがよく似ていることなど軽く話してから、ユキエさんはすぐに「ハルカ、今日はあの話をすればいいいんだよね？」と切り出してくれた。助かった、と思った。

「たしか七年ぐらい前の話なんですけどね。

ハルカはもう結婚してたけど、わたしはまだ独身で、名古屋にある会社で働いていました。

当時住んでいたのはオートロックのついたマンションで、セキュリティはしっかりしているほうだったと思います。それまでつきあっていた男性とお別れして、まあ、自由を満喫していた時期でしたね。よくひとりで飲みにいったりもしていました。仙台にいるハルカとも、しょっちゅう電話やメールで連絡していました。

あの日もたしかビールを飲みにいって、帰ってきてからはハルカと深夜までメールしていたと思います。なんの話題だったかな、ガラケーからスマホに買い替えて、当時のメールが残ってないのでわかんないんですけどね」

「あたしは覚えてるよ。今までで一番いいセックスの話だったでしょ」

パソコンの画面がハルカさんに切り替わり、明るい声でこう言った。ハルカさんはこういうことをあけすけに語る人なのだ。

「ちょっと、やめてよ。鷲羽さんがびっくりするでしょ。ごめんなさい、昔からハルカはなんでも喋っちゃう子なんです。うん、たしかにそういう話題でした。わたしもわりと好きなほうですから、あはははは」

ユキエさんは大きな声で笑った。だいぶ酔ってるな、と思ったが、怪異譚には性的なニュアンスを帯びたものも少なくない。良い兆候だ、と思うことにした。

「それでね、ハルカとふたりで、遅くまでそんな話で盛り上がって、家でもお酒をけっこう飲んで、いつの間にか寝てしまいました。帰ってきたときにメイクも落として、服も着替えたので、いつ寝落ちしてもいいようにはしてあったんですけどね。グラスに注いだ水割りもそのままだったんです。ずぼらですよねえ。

翌朝はひどい二日酔いでした。猛烈に喉が渇いて目が覚めたんですけど、テーブルを見たらグラスが逆さまに伏せてあるんです。おかしいな、と思ってよく見ると、グラスの中には水割りがいっぱいに満たされてるんです。子どもの実験でよくあるじゃないですか、水をいっぱいに入れたコップの表面に葉書か何かをかぶせて、素早くひっくり返しても水がこぼれないやつ。あれと同じになってたんですよ」

「それでね、ユキエだけじゃなくて、あたしのうちでも同じになってたの。こっちはお水だったんだけど、いっぱいに入ったグラスがテーブルの上に伏せられてて。びっくりしたよねえ、そんなこと誰もするわけないのに。片付けるの大変だったよね。こぼれないように、ありったけのふきんと雑巾《ぞうきん》を持ってきて、周りを囲ってからグラスを取ったんだけど、やっぱりテーブルが水浸しになっちゃったよね」

「そうそう、ホントあれヤバかったよね。なんだったんだろう、怖いよね」

ふたりは口々にその奇妙な現象のことを、さも楽しそうに明るく話していた。すると急にユキエさんがスマホを取り出して画面を見たかと思うと、「ごめんなさい、今から旦那が帰ってくるから今日はこれで」と言ってZｏｏm会議室から退出したのだった。

会議室には私とハルカさんだけが残された。ハルカさんは、ユキエさんを見送ってから十秒ほど静かにしていたが、やがて口を開いた。

「あのね鷲羽さん、実は心当たりあるの。さっき言ったでしょ、今までで一番いいセックスの話をしていたって。

あたしもユキエも、同じ相手だったの。

ほら、あたしたちって好みが似てるから。あたしが三十歳ごろにつきあってた男の人が偶然、ユキエが大学のころの元カレだったのね。世の中って狭いよね。

その人は、震災で亡くなったの。あれが起きた日は、ちょうど三年の命日だったのよ」

聞けなかったあの台詞

今から十五年ちょっと前の話である。

タカヒコさんは、私が当時勤めていた、仙台市内の工場で働く同僚だった。私より十歳ほど年上で、いつも明るい、職場のムードメーカーだった。色々と仕事のことを教えてくれた、恩人といっていい人だ。

職場の仲間たちが集まった飲み会の席で、タカヒコさんは話の中心になることが多かった。話題はいつも他愛のないことばかりで、プロ野球史上最高のピッチャーは誰かとか、今まで一番勝ったパチンコ台は何かとか、そんな話題で大の男があぁだこうだと盛り上がるのだから、雰囲気のいい職場だったことは間違いない。

その日は民芸調の居酒屋で、テーブルを囲んで飲んでいた。そこで誰かが、小学生の夏休みに見た心霊ドラマ「あなたの知らない世界」が怖かったという思い出を語ったのがきっかけで、怖い話をし始めたのだった。背もたれのない椅子に腰掛けたタカヒコさんは、氷の溶けかけたウーロンハイをちびちび飲みながら、みんなが注目する中で語りだした。

「俺がS高校の二年生だったどぎの話だ。
部活の合宿があって、海の近ぐの施設さ、みんなで泊まりさ行ったんだよ。
朝は日の出る前がら、夜も遅ぐまで練習して、めちゃくちゃしごがれてクタクタになってや。そんで、広い畳の部屋さ布団ば敷いで、雑魚寝《ざこね》すんだげど、俺はなかなが寝らんねえのよ。身体が疲れすぎっと、逆に眠れなぐなるものなんだな。みんなグーグー鼾《いびき》ばかいでんのに、自分だけ起ぎでっとなんか悲しぐなってきてなあ。眠れでるやづらが羨ましぐなるんだよ。部屋は消灯してるんだげど、かすかな非常灯の光ば頼りにして、首だけ回してあたりを見て、ああこいづも寝でる、あいづも寝でる、って仲間だぢの様子ば確かめだりしてな」

タカヒコさんは生粋の宮城県人で、同僚も多くが地元出身だったから、いつも訛りを隠すことはなかった。その日も、飾らない口調が迫真性を増していた。

「んでや、そうやってひとりひとりの様子ば確認してだっけ、誰もいねえはずの隣の部屋がら、コンコン、と壁ば叩ぐ音が聴こえだんだ。小さい音だったがら、誰も起ぎねがったげどな。俺はびくっとしてそっちを見だんだ。したっけよ、すーーっと壁を通り抜げで、全身真っ白な女が入ってきたんだよ。長い髪の毛も、着物もみんな真っ白で、だげんと目ン玉だげが真っ黒なんだ」

同僚たちは聞き入っていたが、当時すでに怪異譚の蒐集を始めていた私にとっては、どこかで聞いたような、物足りない話であった。第一、合宿所に幽霊が出るという話は合宿しているときにするから怖いのだ。大人になってからする思い出話ではない。

「その真っ白い女がや、雑魚寝してる部員の顔ば、ひとりひとり覗き込んでるみてえなんだ。そんで顔を見るたんびに何かブツブツ言ってんだよ。俺は必死で寝でるふりしながら、耳を澄ませてみだんだ。……じゃない……、……じゃない……、お前じゃない……、殺したのはお前じゃない……、わたしの赤ちゃんを殺したのはお前じゃない……、わたしの赤ちゃんを殺したのはお前じゃない……、そう言いながら段々こっちさ近づいでくるんだ。そんでな、とうとう俺のどごろさ来たんだ。俺はもう心ん中で南無阿弥陀仏南無阿弥陀仏と念仏ば唱えでだんだが、女が俺の顔ば覗き込む気配がしたんだ。そしたら女が言ったんだ、わたしの赤ちゃんを殺したのは……」

私はタカヒコさんに失望していた。はいはいオマエダね。そんなの三十年以上前に流行したやつでしょ。もう耳にタコができるまで聞いたやつだよ。仕事ではいろいろ教えてくれるし、いつも楽しい話をしてくれる人だけど、こと怪談となるとこんなもんなのか。イイ話なんかなかなか聞けないものなんだな。

しかし、タカヒコさんはその先を言えなかった。ここまで話して急に固まったかと思うと、左手にウーロンハイのグラスを持ったまま、椅子ごと左側へ横倒しになり、ガラガラとけたたましい音を立てる。タカヒコさんは白目をむいて、床の上で芋虫のように身体を丸め、痙攣《けいれん》していた。ウーロンハイが床に流れ、小さくなった氷が散乱していたが、グラスはまだ手に持ったままで、なぜか割れてもいなかった。

店の女将がすぐ救急車を呼んでくれて、タカヒコさんは病院へ運ばれていった。タカヒコさんとは同期のヨシオさんが病院へ付き添い、私たちは呆然としたままそれぞれ帰途についたのだった。

タカヒコさんは病院ですぐ意識を回復したそうだが、目覚めたとき、自分の名前と年齢を訊かれて「○○タカヒコ、高校二年です」と答えたという。およそ三十年分の記憶が消えて、あの話の当時に戻ってしまったというわけだ。

そして失った記憶が戻ることはなく、会社も辞めることになり、海の近くの町にある実家へ帰ったと聞いた。病状が病状なのでお見舞いに行くのも憚《はばか》られ、タカヒコさんに会うことはできなかったので、それらはすべて親族と上司を通じて聞いた、伝聞である。タカヒコさんがいなくなってから職場の雰囲気は急激に悪くなり、堪えられなくなった私もほどなく会社を辞めたことで、彼との縁もすっかり切れたのだった。

伝え聞くところでは、タカヒコさんは東日本大震災の津波でお亡くなりになったそうだ。

黒い翼

サダユキさんは、ドリンクバーのコーヒーメーカーでエスプレッソを淹れてくると、ほかほかと湯気をあげるフライドポテトが置かれたテーブルの、透明シートで隔てられた向かい側に腰掛けた。

「今まで、誰に話しても信じてもらえなかったんです」

細身だが百八十センチをゆうに超える、日本人離れのした体躯を折りたたむようにしながら、いかにも居心地の悪そうなしかめ面で、サダユキさんはひそやかに話しはじめた。

私が注文したチーズハンバーグと大盛りライスが届いたが、まずはサダユキさんの声に耳を澄ませることにする。

「この辺の山道では、生き物がよく車に轢かれてますよね。

都会ではイヌとかネコが多いようですが、こっちじゃあ、多いのはタヌキです。

あんたも見たことあるでしょう。あれは嫌なもんですよね。でもよく言うじゃないですか、かわいそうだとかって情けをかけると、死んだもののうらみがこっちに来るから、あんまり見るもんじゃない、ってね。

でもつい見ちゃうんですよね。どうせ気持ち悪くなるだけだってわかってるのに、ついつい目が行っちゃう。それで腸がずるずる飛び出してたりしてね、うえっとなるんですよね。あ、すみません、ハンバーグ召し上がってるのにこんな話をしちゃって」

サダユキさんの声はかすれ気味で細く、途切れ途切れで、聞き取りづらい。下を向いて、せっかく淹れてきたエスプレッソに口をつけることもなく、こちらを見ようともせずに、ただぼそぼそと話し続ける。

意外なことだが怪異譚を語る人は、もっと明るく、得意げに話すことが多いものだ。こんなに陰々滅々と語る人は初めてだった。

「おれはね、山なんか嫌いですよ。山登りだのキャンプだの、やる人の気が知れない。だって汚いでしょう。泥だらけになるし、変な虫がいっぱいいるし。気持ち悪いんですよ、あいう生き物は。でも、あのとき見たのは、そんなもんじゃなかった。いくら言ってもみんな信じてくれないけど、そんなもんじゃなかったんですよ。どうせあんたも信じてくれないでしょうね。

あ、すみません、せっかく聞いてくれるってのに、こんなこと言っちゃって。いいんですよ、どうぞ召し上がってください。ハンバーグ冷めちゃいますよ。肉は少しぐらい冷めてもおいしいけど、チーズが冷えて固まっちゃったら、食えたもんじゃないですからね。いいからどうぞ」

サダユキさんのペースに巻き込まれて、こちらまで暗くなってきた。空腹だったはずなのに、チーズハンバーグに手をつける気にもなれない。透明シートの向こうでサダユキさんは、すっかり冷めたエスプレッソにも、しんなりしてきたフライドポテトにも、まったく手をつける様子がなかった。

「三年前の、冬のことです。

どうしても山に行かないとならない用事があって、車で上まで登っていったんですよ。誰も立ち入らないような奥まで、荷物を積んでね。おれの車はアウトドア仕様じゃないから、雪を踏み固めて走っていくのは大変だったよ。どこの山かって？　それはこの話には関係ないだろう。宮城県某所、とでも書いておいてくれや。とにかく、うっすらと雪の積もった、東北の山奥だよ。それで充分じゃないのかい。ええ」

サダユキさんの語り口は、いつの間にかドスの利いたものになっていた。こんな話し方をする人も、見たことはない。

「用事が終わって帰るときのことだった。服もすっかり汚れて、靴の中までびっしょり濡れてな、嫌な気持ちだったな。

そしたらな、何か薄っ茶色い、でっかいものが道路を塞いでいたんだよ。

シカだった。四つ又に枝分かれした、立派な角を生やしたやつだ。

三メートルはあるでっかいシカが、ぶっ倒れて道路を塞いでいたんだよ。

ひどい有様だったな。脚が四本とも折れてて、身体のあちこちから真っ赤な血が流れていてさ。何度も車に轢かれたタヌキみたいに、破れた腹から腸がでろんとはみ出して、雪の上にのたくっていてね。

あんなシカは見たこともない。東北に、いや日本にあんなでっかいシカなんかいるわけないんだよ。でも、現にそいつが道路を塞いでいたんだから、そんなこと言ったってしょうがない。そんなでっかいやつ、とてもおれ一人の力じゃどかせられないし、迂回路《うかいろ》もないし、ケータイも圏外だし、途方に暮れるしかなかった。

それで、車を停めて、どうしようか悩んでいたら、あいつが現れたんだ。そのシカよりもっと、ずっとでっかい、真っ黒い鳥が、飛んできたんだよ。いや、鳥だったかどうかもわからない。見えたのは翼だけだった。真っ黒い羽毛がふさふさと生えた翼だけ。頭とか足は見えなかった。たぶん五メートルはある、巨大な翼がばっさばっさ羽ばたいてるのに、なぜか音が聴こえないんだ。翼が降りてきて、シカの死体を覆ったかと思うと、死体ごとすぐに飛んでっちまった。足が見えないから、どうやって掴んでるのかわからなかったし、やっぱり羽ばたく音も聴こえなかったんだよな。

あの真っ黒い翼が、山の向こうに飛んでいっちまうと、シカが死んでいたはずの路面には、何も残ってないんだ。血だらけだったはずなのに、なんの痕跡もないんだよ。そうして無事に帰った、ってこと。それだけだよ。この話はこれで終わり。どうせあんたも信じてくれないんだろ。でもおれは確かに見たんだ」

サダユキさんの、静かだが圧力の強い語り口にすっかり押されて、私は何も言えなかった。信じます、なんて軽く言える内容ではない。かといって、信じられませんというのも憚られる迫力がある。

かろうじて、山には何をしに行ったんですか、と訊くことはできたが、サダユキさんはもう口を開かなかった。

テーブルの上の料理や飲み物に、まったく手をつけることなく、私たちは店を出て、そのまま別れて帰っていった。

近所の人から聞いたところでは、三年前の冬から、サダユキさんの奥さんの姿を見かけないという。

サダユキさんは、「女房は男を作って出ていきました」と話しているそうだ。

命の洗濯

宮城県と山形県の県境に近い、ある温泉地の出来事である。

観光地だが、地元の人向けの共同浴場もあり、昔から親しまれている。

そこへ毎日のように入りに来ていたおじいちゃんが、あるとき亡くなった。

お葬式を終えて、家族や近所の人たちが共同浴場へ入りにいくと、亡くなったおじいちゃんが、何食わぬ顔で入っている。

こちらを見て、黙ったままにっこり笑うと、手ぬぐいをぶら下げて、脱衣所のほうへあがっていった。

後を追って脱衣所へ行くと、もう誰もいない。

おじいちゃんは次の日もいた。

次の日もいた。

初七日まで温泉に来て、ようやくおじいちゃんの姿はなくなった。

そんなことが、昭和の終わりごろまで、よくあったのだという。

俺も死んだら、ここの湯さゆっくりつかってから、あの世さ行きてえな。

九十歳になるというヒロヨシさんは、歳のわりにふさふさとした白髪をタオルでぬぐいながら、そう話してくれた。

それが、去年の冬のことであった。

ヒロヨシさんは、あす初七日を迎える。

あの温泉に、行ってみようかどうか、まだ迷っている。

奥羽異譚・宮城編

東北有数の大都市である〈杜《もり》の都〉仙台にも、怪しい話は尽きない。『仙台の珍談奇談』（田村昭／宝文堂）によれば、現在の東一番丁通りは明治初期に〈化け物横丁〉と呼ばれていたのだという。これは「この道沿いに胎盤を捨てると子供が育つ」との俗信が広まり、数多くの胎盤が廃棄された結果、今度は「鬼火や幽霊が出る」と噂が立ったことに由来するらしい。

通りは明治中頃に芝居小屋「森徳座」が建って以降は「森徳横丁」と称されるようになった。しかし、名称が変わっても化け物は生き残ったようだ。『宮城縣史 民俗3』（宮城県史刊行会）には、以下のような出来事が載っている。

《昭和三年秋ごろ、森徳座の遠藤某が宿直室で寝ていたところ、部屋の外で草履《ぞうり》を引きずるような、ずすり、ずすり、という音が聞こえてくる。驚いて身を起こすと、続いて巨石を投げ落とすような音が舞台上にとどろいた。遠藤某は「誰だ！」と怒鳴りながら音の方角へ向かったものの、舞台になんら異常は見られなかったという。

別な日には宿直の高橋某が、やはり舞台で皿が落ちて割れるような音を耳にした。おそるおそる戸の隙間から覗いてみると、舞台の片隅が鈍く光っており、白い霧が湧いていた。霧は次第に〈藤娘〉の姿へ変わり、まもなく板を滑りながらこちらへ近づいてくる。高橋某は恐ろしさのあまり気を失ってしまった。さらには村上某が夜中に看板を描いていたところ、舞台の奈落の底から呻き声が聞こえ、青白い火が浮かびあがってきたのを目にし、青い顔で逃げだすということもあった。

そのような怪事があまりに続くので、皆が座主へ相談したところ「そういえば昔、旅役者の女形が舞台の奈落に縄をかけて首を吊った。あれが理由かもしれない」と真顔で答えるではないか。話を聞いた全員で、慌てて女形の墓を建ててお祓いしたところ、小屋の怪異はぴたりと止んだそうである》

化け物が跋扈《ばっこ》した森徳座は空襲によって焼失、戦後は中央警察署が建ったのち、現在は生命保険会社のタワービルがそびえている。街の変化にともない、化け物も消え失せてしまったのだろうか。それとも、杜の都にまだ潜んでいるのだろうか。

青森県

新興住宅地

津村しおり

青森のとある町。

昭和五十年代に開発が進み、そこは新興住宅地となった。

大通りにはスーパーが二つ、レストランや寿司屋が次々と出来て、賑わいのある町となっていった。

その頃、その町に引っ越してきた福士さんは小学一年生だった。家は新しく、トイレは水洗。漁村の狭い社宅住まいから一転、いきなり一戸建てになり、しかも自分の部屋が出来て有頂天だった。

隣は新築の建て売り住宅だったが、まだ引っ越していないのか空き家だった。

空き家に面した広い部屋を姉が、その隣の少し狭い部屋を福士さんが使うことになった。

「社宅の頃は高学年の姉と一緒の部屋だったんですけど、姉も年頃になったせいか俺への当たりがキツくなって。ちょうどいい時期に別の部屋になってラッキーでした」

福士さんと同じように自分の部屋が出来て大喜びしているはずの姉の顔が暗い——ような気がした。しかし、学校での様子は明るい。友人に囲まれ、グラウンドで縄跳びをしたりドッジボールで活発に遊んでいる。しかし、家にいると、途端に口数が少なくなった。両親もおしゃべりだった娘の変化に戸惑っているようだった。

ある夜のことだ。

「俺が寝る前に、姉貴が部屋から顔をだして呼んだんですよ」

福士さんは『8時だよ全員集合!』を見終わり、部屋に戻ったところだった。ドアから顔を出している、姉の表情が硬い。断れる雰囲気ではなかった。

福士さんは渋々姉の部屋へ向かった。

季節は夏。ねぶたが始まる少し前の七月下旬。

窓を閉めて寝るには少し暑い日だったのに、姉は部屋の窓を閉め切っていた。

「隣の家ば見てよ」

姉の部屋は南西からの陽が入る。だから、夜になっても姉の部屋には温気が残るはずなのに、部屋に入った福士さんは肌寒く感じた。

空き家を見ろなんて、なんで俺に言うんだ、と思ったが、口答えすれば、マシンガンのような罵倒と、強烈な蹴りが飛んでくる。小学一年では、姉に到底敵わない。

少し怖かったが、福士さんはカーテンを開けて、隣の家を見た。

裏手にある家からの明かりで、隣の家の二階が照らされていた。

姉の部屋のちょうど正面にある窓に――影が三つ並んで立っているのが見えた。

人ではない、黒い塊《かたまり》。

顔もない塊たちが、こちらを見ていると、福士さんにはわかったという。

誰かに見られているときの、肌がチリチリする感覚――それがあったからだ。

「わぁっ」

福士さんは大声を出して、尻餅をついた。ドリフを見終わった後にトイレに行っていたので膀胱がカラだったのが幸いした。

でなければ、パジャマを濡らしていただろう。

何かの影の見間違いではなかった、と福士さんは私に断言した。

影――黒い塊は立体的だったという。それが福士姉弟の視線を受けて、さらに浮かびあがり福士家へ向かって来るように見えた。

そこで、福士さんも姉も叫んだ。

福士さん達の叫び声を聞いて、両親が姉の部屋にやってきた。

両親に、福士さんの姉が話した。気の強い姉が肩をふるわせ、つっかえながら説明しているのを見て、福士さんは彼女がいかに怯えていたかわかったという。

姉によると、引っ越してすぐ、隣の家の窓に影が一つ見えていたらしい。

福士さんの姉も気のせいだと思いたかったようだが、二つ目の影が見えるようになって、違うと思い始めた。そして今、影は三つになっている。

そこで、気のせいかどうか確かめるために、姉は福士さんにも見せたのだという。両親の目が、福士さんに注がれた。真っ青になってうなずいているのを見て、両親は顔を見合わせた。

両親に影は見えないようだった。

父は気のせいだと片付けようとしたが――母親は顔色を変えた。

次の日、母は姉と福士さんを連れて青森駅へ向かった。

行き先は、引っ越す前に住んでいた漁村だった。

その村にはカミサマがいたそうである。

民間信仰の研究者である池上良正《いけがみよしまさ》の『津軽のカミサマ』によると津軽地方のカミサマとは「カミサマといっても人間である。〈中略〉神を拝んで、神的な能力を認められた民間の祈祷者である」と定義されている。

青森の霊能者・祈祷者というと、イタコを連想するかもしれない。

津軽では、イタコよりカミサマの方が馴染み深い。イタコは恐山の例大祭で拝んでもらう存在であり、津軽では身近な存在ではないのだ。カミサマはイタコとは違い、口寄せをしない。この世の理では解決できない問題を、己が奉じる神の力を借りて解決するのがカミサマだ、と津軽では信じられている。

カミサマは広告を出していないので、知り合いからの紹介で相談に行くのが常だ。謝礼は気持ち程度というのが慣習になっている。

その漁村のカミサマは地味な着物を着た、小柄な老婆だったという。

カミサマの家は木造の平屋の一軒家だった。

「あらら、福士さんの。おおきぐなっだねぇ。奥さんもどうぞどうぞ」

カミサマが奥へと誘った。通された和室には、祭壇があった。

「はい、お姉ちゃんとボクにアメッコ。食べへ《食べなさい》」

三人に座布団を勧めたカミサマは、エプロンから飴を差し出した。その時はカミサマとも聞いていなかったので、福士さんは母親の昔の知り合いだと思ったという。

それほど、普通に見えた。

姉と福士さんが飴を舐めている間に、カミサマはお茶を入れ、母に差し出した。そして、福士さんの母親から姉の異変について聞いていた。

「んだが、んだが」

と、うなずきながらカミサマは話を聞いていた。視線はなぜか空《くう》にすえられている。

「お姉ちゃん悪いんでねえから。……が悪いんだ。んだば、早いとごやるべ」

何が悪いかを福士さんはこのとき聞き逃したが、自分たちのせいではないとわかって、ほっとしたそうだ。

カミサマは数珠《じゅず》を持ち、祭壇に向かって祈りはじめた。

「お経だと思うんですけど、子どもだからよくわからなくて、ぼーっと聞いてました」

終わると、お札《ふだ》のようなものを母に渡した。それで終わりだった。

「姉は幼稚園のころまで疳《かん》の虫が強くて、夜泣きに困り果てた母が地元の人の紹介でカミサマのところに相談に行ったらしいんですよ」

カミサマは「疳の虫ば封じた方がいいな。したけど、この子、勘も強いな」そう言って何かの灰を入れた洗面器に姉の小さな手を入れさせたという。

すると、指先から白い虫のような物が出ていったそうだ。

青森の市街地で生まれた母はカミサマ自体に半信半疑だったそうだが、それ以来姉の夜泣きは治まったらしい。福士さんの母は疳の虫封じの帰り際に、カミサマから「お姉ちゃんに、また何かあったら来いへ」と言われていたという。

「母がその言葉を思い出して、俺らをカミサマのところへ連れて行ったんです。お札は姉の部屋と俺の部屋の、隣の家側の壁に貼られました。おかげで、それ以来、姉も俺も何も見なくなって」

平穏な日々が戻ってきた。隣の家にも入居者が来た。

「でも、成長するにつれて妙な感じになってきたんですよ。このあたりで平和なのは俺の家だけで。周りの家じゃ不倫だ暴力だって離婚する家が多いわ、近くの線路では自殺は続くし、友達の住んでいるマンションは飛び降りの名所になるわで」

救急車やらパトカーがよく来る土地だった。

閑静な住宅街なのになぜこうも不穏なことばかり起こるのだろう、と中学に入った福士さんがニュースを見ながらダイニングで首をかしげていると、向かいに座っていた母がこう言ったそうだ。

「新しい土地だから、氏神様がいないでしょ。だから――悪いのが集まりやすいって、昔あなたたちを連れて行ったカミサマが言ってたねえ」

福士さんも姉も今は、青森を離れている。

両親も家を売って、市の中心地にあるマンションに住み替えたという。

「雪かきが面倒だからって理由ですけど」

それだけではないって俺は思っています。

福士さんはそう言った。

役所の地下

昔、青森市のとある役所で働いていた北山さんから聞いた話である。

その役所は、青森市の中心部にあった。

今は建て替えられて、新しい庁舎に変わっている。

「建て替え前は、入り口に赤い絨毯《じゅうたん》が敷かれていて、石階段があって。趣はありますけど、昭和で時間が止まっているような建物でした」

昔の建物らしく、役所の地下は天井が低かった。地下には売店や豚汁のうまい職員食堂、印刷室、倉庫があったそうだ。

地下は、売店や食事に行く分にはいいが、仕事はしたくない場所だったという。

「天井は低いし、廊下の電気は薄暗いしで、どうも長居したくない雰囲気なんですよ」

地下の印刷室には裁断・印刷・製本ができる設備があり、大量の印刷物を扱う時はここを使っていた。もちろん、あまりに大量の場合は外注するが、外注するには少なく、しかしコピー機の手に負えない時には印刷室へ行く。

「イベントの三日前になって、そこで配るパンフレットに間違いがあるのがわかって、急遽、正誤表を印刷することになったんですよ」

他の仕事と並行して、パンフレットの正誤表の原本を作ったころには夜九時を過ぎていた。その頃、部署で残業していたのは北山さん一人。

北山さんは地下の印刷室で、さっさと作業を終わらせることにした。印刷機にかければ、二千枚などあっという間である。

そのはずが――。

「その日は印刷機の機嫌が悪くて、何度も詰まってやり直しになっちゃって」

製版用のドラムに絡みついた紙をはがして、またドラムを入れ直し、また製版。途中まではうまく行くが、印刷途中で紙が絡まってまた詰まる。

梅雨明け前。蒸していた。ワイシャツの襟元を緩めて、作業を繰り返す。

何度か詰まったあとで、ようやく印刷機の機嫌が良くなった。印刷している間に、インクまみれになった手を洗いに一階のトイレに向かう。

階段前の売店の前を通る。売店横の自動販売機に人影があった。残業している職員だろうと目をとめずにそのまま北山さんは階段を上がった。

トイレで手を洗い、階段を下りた時も、自動販売機の前に先ほどの人影があった。

肌がざわついた。残業して飲み物を買いに来たにしても――自動販売機を向いてうつむいたまま立っているのはおかしい。

うなじがチリチリした。心拍数が上がる。

売店を通り過ぎ、食堂に突き当たったら右に曲がる。その先に、印刷室があるのだ。

曲がりかけたとき、北山さんはおやっと思った。視界に、人影が入ったような気がしたのだ。左を向いたが、暗い廊下には人影はない。

気のせいだろうか、と思いながら印刷室に入り、刷り上がった正誤表をまとめる。

印刷機の電源を落とすと、印刷室の天井にある蛍光灯の音が大きく聞こえた。

「変なんです。早く帰りたいのに、ここを出たくない、そんな風に思って」

この部屋を出たらやばいと本能が告げていたという。

「でも、そんなこと言っていたら帰れませんよね。だから仕方なく出たんです」

原稿や印刷した正誤表の束を抱えると、北山さんは廊下に出た。長い廊下の手前半分——北山さんのいる側は電気がついている。ちょうど中間地点に職員食堂があり、その向こう半分は闇に覆われていた。

暗闇が蠢《うごめ》いた。ような気がした。

北山さんはつばを呑み込むと、早足で廊下を歩き出した。心臓の鼓動が大きくなる。全身が粟立っている。汗をかいていたのに、肌は冷えている。

真正面を見るのがなんだか嫌だ。嫌なのに、いや、嫌だからなのか——目が廊下の奥にある暗闇に吸い寄せられる。

闇の奥にある、白いものが目に入った。

白い服を着た人が廊下の奥から近づいてくる。それも一人ではない。先頭にいるのは影で女性だとわかった。その背後に、いくつもの影が見える。

声はかけなかった。

「声はかけちゃダメだって思いました。だってその人たち」

体から煙を出しながら動いているんです——。

叫び出したいのを必死で堪えて、廊下を走る。

職員食堂の前を曲がり、売店の方へ向かうと、自動販売機の前に、先ほど見た人が同じ姿勢のまま立っていた。白いシャツにズボンだと思っていたが——足下はモンペだった。

北山さんののどはカラカラだった。一階に出れば誰かいるかもしれない——いや、もう今は窓口も全部閉めて真っ暗だ。自分の部署にも誰もいない。北山さんが最後だ。

北山さんはパニックになりながら、階段を上がりきる。強い光が目を打った。

目の前に懐中電灯を持った警備員が立っていた。

「基本は機械警備でしたけど、なんせ昔の建物だし、警備装置が改修しきれてないところは人に頼って警備していたんですよね」

警備員は、北山さんの様子を見て、何かあったようだと思ったらしい。

「どうしました」

ベテランらしき高齢の警備員は落ちついた様子でたずねた。

「地下に人が……」

これだけ言うのも精一杯だ。そこで警備員が地下へ向かおうとする。

「あ、でも、その普通じゃないっていうか……昔の人がいて……わかります？」

警備員は「ああ」と声を出した。

「たまにいるんだ。あの人達はいるだけだから、大丈夫だ」

と警備員は事もなげに言った。

それ以来、北山さんは残業するときは仲間がいるときだけにしたという。庁舎が建て替えられてからは、もう地下の薄暗い空気は消えたそうだ。

その役所の前には、青森空襲の犠牲者を忘れぬための碑――空襲・戦災都市青森の碑がある。

国道

青森の心霊スポットの話になると、必ず出る場所がある。

八甲田山、J大橋、そしてこの国道である。

ネットで検索すれば、すぐに出てくる。昭和四十年代からこの旧道についての話は出ていた。今は、そのそばにあるEというラブホテルの廃墟が幽霊屋敷として有名になりつつあるが、元をたどれば魔のカーブと呼ばれる旧国道から話は始まる。

昭和四十年代、交通量が激増した頃――日本では交通戦争と呼ばれるほど、交通事故での死者が増えた。シートベルト着用が義務づけられる遥か前であるし、車も今ほどドライバーの生存率を高める設計にはなっていない。事故になると死亡事故になるケースが多かった。

魔のカーブ、と呼ばれたそのカーブは、そこまでカーブがきついものではないのだが――スピードを出しすぎれば当然曲がりきれない。

「昔はさ、今ほどうるさぐながったがら。若い人は面白ければスピード出すでしょ」と、手倉《てぐら》さんは語った。

「スピードだして、ボーンと突っ込んじゃうのさ、道路の外に。スピード出てるから事故もひどくてさ。トラック転がって運転してる人がつぶれでまったり《てしまったり》、女の人の首が飛ぶくらいの事故あっだのさ」

青森で不思議な体験を集めていて「おや？」と思うところが一つある。

若い世代はそうでもないのだが、高齢の体験者に話を聞くと、異常な経験ですら日常の一部であるかのように、なんでもないことのように語るのだ。

八甲田山の怪談を聞いた時も、雪解けの頃になると昔は山で死んだ者の遺体が流れてきたのが当たり前だった、という風に語っていたのが印象に残っている。

北国といえば、気質的にしっとりとした土地柄と思われそうだが、津軽の人は時に驚くほどドライな一面を見せる。

「他にも大きい事故が続いたはんで《から》」

カーブには注意を促す看板が置かれたという。

手倉さん自身、そのカーブを通る時、怪異に遭遇している。

「ひっぱられたのさ。目がさ、あのカーブさ引っ張られたんだ」

ある夜、用を足した帰り、妻を助手席に乗せてH町とA市を結ぶ道を走っていた時だ。

ライトが当たっているわけでもないのに、カーブの先がやたらと明るく見えて、目が離せなくなってしまった。となると、自然、ハンドルも視線の方へと動く。

足が勝手にアクセルを強く踏んでいた。

何かに誘われるようにスピードを上げて、車が道路から逸れようとした時――

「あんたっ、何してるんだ」妻の声で手倉さんは我に返った。

「オラの妻《かが》が、勘がいいところあってさ。わだしの様子が変だと思って、すぐ声かけだんだど」

手倉さんは妻のおかげで命拾いした。しかし、妻からは、

「なに幽霊さ引っ張られてるのさ。あんたとの心中だの、わだしゴメンだもの」

と言われたという。

津軽人のドライな一面を、私はまた垣間見た気がした。

入れない部屋

青森市内在住の唐牛《かろうじ》さんの話。

専門学校を出た後、介護施設に就職が決まり、念願の一人暮らしができるようになった。

しかし、初任給は少なく、実家からは給料が増えるまでは家で暮らすように言われていたそうである。

「でも、社会人になったら一人暮らしをしたくて。青森は家賃が安い部屋わりとあるんで、どうにかなると思ったんすよ」

勤務先からも遠くなく、近くにコンビニやショッピングセンターがある場所を探した。

不動産屋も唐牛さんが若いのもあって、新築物件を薦めてくれたが、予算との折り合いがつかない。

結局、国道から少し奥まった場所にある、格安のアパートに決めた。

建物は古いが、敷地内に駐車場があり、初期費用も予算内で済む。新築の方がいいが、唐牛さんは安さを優先した。

「男の一人暮らしだから、そんなにきれいじゃなくてもいいかなって思ったんすよ。実家もボロかったから、似たようなもんだと思って」

コンビニへは車で五分、ショッピングセンターにも約十分でいける。勤務先までも車で二十分だ。

最低限の家財道具を実家から持ち出して、唐牛さんの新生活が始まった。

アパートの部屋数は、上下四部屋ずつ。間取りは2Kの風呂トイレ別。

唐牛さんの部屋は二階で、さび付いた階段を上ってすぐのところにある部屋だった。

一階には古くからの住人がいるのか、トロ箱をプランター代わりに使った家庭菜園や、植えられたものが雑草なのか、何なのかわからない鉢がずらりと並んでいた。

唐牛さんの部屋はアパート前の駐車場からみて左端の部屋になる。二階の廊下にも、プランターがたくさん並んでいた。古ぼけたプランターから、ここは高齢者が多く住むアパートなのだろう、と唐牛さんは思ったという。

アパートの賃料が安かったのは、アパートが藩政時代の旧街道をそのままなぞった曲がりくねった道路沿いにあるからだった。道幅が細い上に蛇行を繰り返し、運転しにくいことこの上ない道なのだ。

道沿いには地蔵堂があり、昔、交通事故が多発していたことをうかがわせていた。

曲がりくねった道は使いにくいが、あとは条件通りの物件だ。

新生活は問題なく始まるかに思えたのだが――。

「下の階の人が、面倒くさい人で」

日勤を終えて帰宅後の夜、スマートフォンで動画を見ていると、下からドンドン突き上げられる。ホウキの柄なのか何なのかわからないが、長い棒状のもので天井を――唐牛さんからすると自室の床を――突き上げられるのだ。

「そのちょっと前にトイレに行ったんすよね。その時の足音がうるさかったかな、まあ、神経質な人なんだろうなってことで」

介護施設にいれば気難しい利用者にあたることもある。下の階の住人もそんなところなのかもしれないな、と思ってやりすごしていたそうだ。

しかし、下からの突き上げは、深夜にもあった。熟睡が妨げられるほどの突き上げ。ひっきりなしにやられるので、眠りが妨げられる。

「引っ越したばかりなのに参ったな、と思いました」

管理会社を通して苦情を言ったところ、下の階からも苦情が来ていると言われて唐牛さんは面食らった。何人もの若い者を連れてきて、騒いでいると言われている、唐牛さんも気をつけてほしい、とのことだった。

引っ越してから友人が家に来たこともないし、家族も新居を見に来たがあまりの古さにおそれをなして外観だけを見て部屋に入ってはいない。

　唐牛さんは納得がいかないながらも「気をつけます」と答えた。

　これ以上ことを面倒にしたくないので、下の階の住人に、菓子折りを持って挨拶にいくと、肌着姿の老人が出てきた。騒音について謝ると、老人は表情を和らげた。

「あんだ、若いからってああ騒ぐもんでねえよ。さすねがら、どったらだ奴《うるさいからどんな》が来たがと思ったら、いい若者《わげもの》だじゃな。気ぃつけでければ、私《わ》も文句は言わねえからさ」

「ありがとうございます。私も気をつけるので、天井をつつくの、やめてもらえれば助かります」

「天井？　何の話だば」

　老人は首をかしげた。天井をつつくような常識外れなマネはしたことがないという。

　話を聞いている最中にも老人の部屋の天井からは激しく歩き回る音が響き、ミシミシと天井が軋む。唐牛さんの目が点になった。自分の部屋には誰もいない。

「けやぐ《友達》でも来てらんだか」

　老人の目が厳しくなる。

「いや、誰もいないです。私、ここにいるから……部屋には誰もいません。二階の他の部屋の人じゃないですか」

「何ば言ってるんだ。上の階さ住んでるのあんただけだべ。前も若者《わげもの》住んだらこうなって参ったのさ。若者は常識ねくてまいるじゃ」

老人の怒りは、唐牛さんだけでなく、前の住人にも向いているようだ。

それよりも、唐牛さんは混乱していた。二階にプランターがあるので、他に住人がいると思っていたのだ。しかし、二階のプランターも全てこの老人のものだという。

しかも、天井をつついたこともないという。

足音に、ドンドン、という音が加わった。

老人は目の前にいる。天井を突いてはいない。

「意味がわからなかったったすよ。上に誰もいないのに、明らかに俺の部屋から音が、たくさんの足音やら天井叩く音とかして」

唐牛さんはやばいアパートに来たかもしれない、と、ようやく思ったそうだ。

薄気味悪く思った唐牛さんは実家に数日滞在してから、また部屋に戻った。

「実家にいると安心なんすけど、やっぱり一人暮らしの自由さが恋しくなって」

音は気にはなったが、部屋に戻るとなぜかそこから離れたくなくなる。部屋にいると体が重くやたら眠くなる。仕事の疲れだと思って、家に戻ると食事も忘れてただただ眠ったという。

そんなある日、友人達がドライブがてら唐牛さんのアパートにやってきた。

高校時代からの友人ふたりは唐牛さんを見て驚いたという。

「自分でわかってなかったんすけど、かなり痩せてたらしくて」

唐牛さんがドアを開け、入るように促したのだが——ふたりは玄関前で足を止めた。

「唐牛、やべえ」ひとりがいった。

「はぁ？　何が」

「入れねえ。なんか入れねえ」もうひとりが言った。

ふたりとも敷居をまたがずに、立ち尽くしている。

「冗談だべ」と唐牛さんが言ったのだが、ふたりは真顔だ。

部屋には唐牛さんひとり。

唐牛さんが困惑していると、友人が、

「この部屋、まいね《駄目》だって」

と逃げるように車へと戻っていった。ドライブに行く予定だったので、唐牛さんも荷物を持ってふたりの後を追った。後部座席に乗ると、友人の一人が口を開いた。

「あの部屋、なんかやべえよ。霊感とかあんまりねえ俺でも、やべえってわかるじゃ。出てけって感じすべ？」

「んだ。お前気《め》づかねがった《づかなかった》? あの部屋、満員って感じだべな。人で」

満員、という言葉がひっかかった。そういえば、下の階の老人が、唐牛さんの部屋で騒いでいると言っていた――と話すと、友人が「あー」と納得したように言った。

「下の爺様《じさま》、足音だけ聞いてたんだべ。お前《め》一人なのに、勘違いしたのさ。違うのの足音ばさ」

唐牛さん自身は霊感もなければ、そういったことは信じていないが、友人達の反応がいままでのおかしな現象が紛れもない現実だと突きつけている。

下からの突き上げと、奇妙な足音。

彼らがこの部屋を表現するのに使った「出てけ」という言葉と「満員」という言葉。

それらが繋がったとき――唐牛さんは青ざめた。

「引っ越したばかりだけど、ここば出るのありだべか」

と友人達にたずねると――二人とも頷いた。

結局、唐牛さんは、郊外にある新築のアパートで暮らしている。

「引っ越しの時、別の友達に手伝ってもらおうとしたら、また部屋に入れないって言われたんすよ。だから、一人で荷物を運びましたよ」

あの部屋には何かがたくさんいるようだが――何がいるか、知る気はないという。

奥羽異譚・青森編

青森県の下北半島では「人は死ねばお山サ行ぐ」と信じられていた。お山とは、むつ市にある日本三大霊場のひとつ〈恐山〉を指す。卒塔婆《そとば》と風車《かざぐるま》がならぶ荒涼とした景色。賽《さい》の河原や血の池地獄。菩提寺の大祭に集う、口寄せ巫女・イタコ。恐山を構成する諸々は、まさしくあの世を思わせる。そして、そのような場所ゆえか奇妙な話も昔から尽きない。昭和四年刊行『奥隅奇譚《おくすみきたん》』（中道等《なかみちひとし》／郷土研究社）にも、以下のような逸話が載っている。

《明治のはじめ、廃藩置県に乗じて境内から硫黄を採取しようと企てた連中がいた。彼らは県外の人間で、恐山の俗信など信じていなかったのである。

ところがあるとき、「賽の河原」近郊で湧き水を掻きだしていると、無数の赤児が泣き叫ぶ声が聞こえてきた。人夫たちは怖気をごまかそうと大声で歌ったが、火のついたような泣き声は止む気配がない。おかげで翌日は誰も現場へ行こうとせず、やむなく別の人夫たちが駆りだされたものの、今度は泣き声のみならず石が崩れる音まで聞こえはじめる始末。結果、とうとう採掘は中止となったそうである》

恐山で死者と邂逅を果たした――との報告も枚挙にいとまがない。

その多くは涙を誘うものだが、なかには不気味な気配が漂う話も伝わっている。そんな一話を『青森県の怪談』（北彰介《きたしょうすけ》／津軽書房）から紹介したい。

《娘を亡くした老夫婦が汽車ではるばる仙台から恐山へやってきた。時期おりしも盆踊りのころ。「死者も出てきて踊る」と聞いた老夫婦は、盆踊りを見物していた。すると、まさしく我が娘が棺桶に入れた着物を召して、嬉しそうに歌いながら輪のなかにいるではないか。喜びのあまり、夫婦が名前を呼びながら駆けよると、娘は「あ、鬼だ！　鬼がきた！」と言って、山奥深くへ逃げてしまった。老夫婦はもう夜通しあたりを探しまわったが、再び娘の姿を見ることはできなかった。しかし、ひとめでも会えた嬉しさを胸に秘め、翌日帰っていったという》

一読するかぎり美談のように思えるが、ところどころ疑問がぬぐえない。

娘は、なぜ両親を鬼と呼んだのか。鬼と呼ばれたのに、なぜ両親は怒るも嘆くもしなかったのか。いったい、親子のあいだに生前なにがあったのか。

考えれば考えるほど寒気をおぼえるのは、私だけだろうか。

あづやず

葛西俊和

戦前のことだ。ヨモエさんは現在の浪岡地区に住んでいた。野菜と米を作る農家の娘であったヨモエさんは、畑仕事が得意な働き者であり家族と共に慎ましくも平穏な生活を送っていた。そんなヨモエさん一家には村の掟で決められた仕事があった。

それは隣に住むゾウイチという独居老人の世話をするというものだ。社会福祉や民間の介護施設というものがまだ発展していない時代では、村のお年寄りの世話をするのは現役世代の義務だった。

「おばんですわー。おう、風呂っこ沸いじゃーな？」

一週間に二度ほど、夜になるとゾウイチは風呂を借りにヨモエさんの家を訪ねてきた。夕飯時に合わせてゾウイチはやってくるので、居間から土間まで家族総出で移動して出迎えをすることになった。ゾウイチは年功序列の意識が強い人で、年寄りは労わられて当然と考えているため、家族全員が出迎えに来ないと嫌味を言う。

ゾウイチはまるで自分の家のようにずかずかと上がり込むと、風呂場へ行き服を脱ぎだす。それに合わせてヨモエさんは外へ出ると、急いで風呂釜の元へ駆け出した。当時の風呂は釜焚きなので薪を燃やして火加減を調整しなくてはならない。誰かが風呂に入っている間は外で火の様子を見る必要があった。

　ゾウイチは歌を歌いながら湯船に浸かる。いつも決まって長風呂になり、ヨモエさんが少しでも手を休めると。

「もっと熱くさな《しろ》がッ」

　と風呂の窓から顔を覗かせて怒鳴った。日中の畑仕事で疲れ切っているヨモエさんはフラフラになりながらも額に汗を浮かべて薪を入れては竹筒で息を吹きかけ、火の勢いを維持し続けなくてならなかった。

　ゾウイチはたっぷりと時間をかけて湯に浸かるとヨモエさんの母が用意した綺麗な布で体を拭き、ふんどし一丁で居間へとやってくる。ゾウイチが食卓であるちゃぶ台の前に座り込むと、ヨモエさんの母は何も言わずに夕飯をゾウイチに持ってくる。

「まんだぁ、里芋かね」

　ゾウイチは文句を言いながら夕飯を食べ、父が茶碗に注いだ酒を飲んだ。時には酒が進み過ぎ、酔っぱらったゾウイチはヨモエさんが食べる分の夕飯まで食べつくすこともあった。父と母がゾウイチをもてなす間、ヨモエさんと弟はゾウイチが持ち込んだふんどしなどの下着を洗濯させられていた。好きなだけ飲み食いをし、綺麗に洗濯された下着を持つと、礼の一つも言わずにゾウイチは去っていった。

そんな日が三日に一度は続いた。役目だとは思っていても、ヨモエさんは内心ゾウイチのことが嫌いだった。

ヨモエさん一家の他にも、村の様々な家庭にゾウイチは自分の面倒を見させていた。表立って文句を言う人はいなかったが、彼は村の人々の悩みの種であり鼻つまみ者であった。

それ故に、初夏の朝方にゾウイチが倒れそのまま亡くなった時は村の所々で押し殺したような笑い声が聞こえ、悲しむ様子を見せる村人は少なかった。

葬儀が終わり数日過ぎた頃のことだ。昼にヨモエさんが風呂場の掃除をしていると、急に室内が暗くなった。ヨモエさんが顔を上げると木の枠がはめ込まれた窓にゾウイチの顔があった。ゾウイチは苦しそうに顔を歪め、ヨモエさんをじっと見つめていた。

「風呂、風呂に入れでぐれ」

がらがらの声でゾウイチはそう言うと、風が窓から吹き込んだ。饐えた汗と脂の悪臭が風呂場に広がりヨモエさんは咄嗟に手で鼻と口を覆ったが、刺すような刺激臭は喉と鼻を痛め、ヨモエさんは酷く咳き込んだ。悪臭から逃げるように風呂場から飛び出すと廊下には父がいた。ヨモエさんは父に風呂場での出来事を話すと、父もまた居間の窓からゾウイチが風呂場の方へ歩いていくのを見たのだという。二人が風呂場に戻ると、窓の外にゾウイチの姿は無く、外には酷く汚れた草履《ぞうり》が片方だけ落ちていた。

それはゾウイチを土葬した際に棺桶へ入れたものだった。その日を境に村ではゾウイチが度々目撃されるようになった。日中は暗い森の中に佇み、夜には村人の家の戸口を叩き、中に入れてくれと懇願する声が響いた。村人たちはゾウイチが成仏できずに彷徨《さまよ》っていると恐れ、姿を見ると目を瞑《つむ》り念仏を唱えるようにしてやり過ごすようになった。するとゾウイチの霊が現れる頻度は次第に減っていき、やがて秋がやってくると村人たちは米や野菜の収穫に追われ、ゾウイチのことは忘れられていった。

「があぁぁ、ぁぁぁ……」

秋の夜、母と共に居間で眠っていたヨモエさんは呻き声を聞いて目を覚ました。

何かと思い目を動かすと、部屋の壁沿いに蹲《うずくま》るゾウイチの姿があった。ゾウイチは両手をせわしなく動かしては全身を掻きむしり、その周囲には黒い蠅のような小さなものが無数に飛び回っていた。

ボリゴリと爪が皮膚を引っ掻く音が続き、脂身が腐ったような異臭が漂い始めた。

酷い悪臭が喉奥を刺激し胃が震える、吐き気を覚えヨモエさんは思わず声をあげそうになったが、隣で眠る母の腕が伸びてヨモエさんの口を手で覆った。

「見るもんでね……」

母の声が耳元で囁かれた。ヨモエさんは吐き気を我慢しながら母の腕をぎゅっと握り、心の中で念仏を唱えた。するとゾウイチの呻き声は次第に小さくなっていき、やがて完全に消えてしまった。気配が消えた後に蝋燭《ろうそく》を灯すとゾウイチの蹲っていた場所には悪臭を放つ赤黒い垢のようなものが大量に落ちていた。二人の話を聞いた父が村長に相談し、ゾウイチの霊を鎮めるために僧侶を呼んでお経をあげてもらうこととなった。

僧侶はゾウイチの墓の隣に大きな桶を用意させ、川から汲んだばかりの新鮮な水を張らせた。桶の水に塩と酒を入れると一週間に一度は訪れて水を入れ替えるようにとヨモエさんに言い付けた。

ヨモエさんは僧侶の言い付け通りに桶の水を毎週入れ替えた。最初は赤黒い水が桶の中に張っていたが、それは入れ替えを行う度に綺麗になっていき一年が経つ頃には透明な水が入っているようになった。

水を張った桶を置くようになってからゾウイチの霊は現れることがなくなったという。

お役目

根元くんは専門学校生の頃、青森市の商店街にある古本屋でアルバイトをしていた。夕方六時から夜の十時まで。仕事内容は店内の椅子に座り、時折現れる客への対応と簡単な品出し程度といった楽なものであり、雇い主である店主も店に居ないことが多かったので気ままに仕事をしていた。

古本屋の店内は狭く、古いインクの臭《にお》いが漂うレトロな店だった。店主の趣味で古本の他にもブリキの玩具や骨董品らしき壺や掛け軸なんかも店内には乱雑に置かれており、この古物類を見にくる客もそれなりにいた。

雨の日のことだった。閉店時間が近づき、根元くんは閉め作業を始めた。

すると、店の奥で物音がした。根元くんが見に行くと床に積まれた本が崩れて散らばっていた。この本は数日前に店主が買い付けてきたもので、保存状態が悪かったのかすべての本が茶色く変色していた。根元くんは本を積みなおし始めた。するとふと一冊の本が目に留まった。古い装丁の本であり、開いて奥付を確認すると明治の頃に出版された本のようだ。旧字体を用いた聞き覚えのない出版社が発行したものらしく、内容はどうやら料理のレシピ本のようだった。

レシピ本には持ち主が記したであろう多くの書き込みが走っており、折り目などから熱心に読み返されたものだということがわかった。

根元くんはレシピ本に興味がわき、本をレジの傍に置くと閉店作業を進めた。閉店後に店の照明を落とし、根元くんはレシピ本を読み進めた。レジ横のデスクライトだけで本を読んでいたせいか、根元くんは少しずつ眠気を覚え始めていた。

本を開いたままうとうとしていると不意にトウモロコシの甘い臭いがした。根元くんが本から目を離すと、店の奥から湯気のようなものが立ち昇っているような気がした。なんだろうかと根元くんが店の奥を覗くと、平積みになった古本の上に上品な白い皿が置かれており、なんとその皿の中には湯気を立てるコーンスープが入っていた。

根元くんは驚き、白い皿に触れてみた。ほのかに温かい。触れたことで濃厚そうな黄色いコーンスープの表面が波を立てて揺れたかと思うと、今までより何倍も強烈な香りが広がった。衝動的に根元くんは食欲に駆られたが、すんでのところで理性が働き、降って湧いたような得体の知れない食べ物を口に運ぶのは避けた。

根元くんはとりあえずスープが入った皿を本の上に置き、少し離れて様子を見ることにした。すると立ち昇る白い湯気が徐々に薄れていき、それが完全に見えなくなった時、急に平積みの本が崩れ、スープ入りの皿は床に落ちて割れてしまった。けたたましい音が鳴り、根元くんは反射的に目を瞑《つむ》ってしまった。目を開けると割れたはずの皿は消えており、床にまき散らされたはずのコーンスープも無かった。根元くんは気味が悪くなり足早に店を去った。

翌日、アルバイトに出勤すると、レジ横に置いておいたはずのレシピ本が無くなっていた。店主に聞くと、朝来たときからそんな本は見ていないという。

根元くんは不思議に思ったが、さほど気にはせず業務を行った。

それからしばらくは何事も無かったのだが、再び雨の日が来た。

閉店間際に本棚の本が落ちて音を立てた。根元くんが見に行くと、そこにはあの古いレシピ本が落ちていた。

こんなところにあったのかと根元くんはレシピ本を手に取り、本棚に戻したのだが、目を離して閉店作業に戻るとまた音を立てて本が落ちた。

本を棚に戻しては閉店作業をと何度か繰り返すも、目を離すとレシピ本は落ちた。その度に装丁に傷ができたので根元くんはレシピ本をレジ横の安定したところに置き、身支度をまとめて店を出ようとした。

店の出入り口のドアに手をかけたとき、シュルリと紙をめくるような音が店内に響いた。

レジ横、レシピ本が開いていた。大開きになった本の上には白く細長い指が這っており、指は紙の端をつまむとシュルリと音を立てページをめくった。

女のすすり泣く声が聞こえ、料理本から大量の湯気が立ち昇り始めた。根元くんは急いで店を出ると、振り返りもせずに走って逃げた。

翌日、朝一番に店主から電話がかかって来た。開口一番に何をやったのかと聞かれ、根元くんが事態が飲み込めないでいると、一度古本屋に来いと呼びつけられた。

根元くんが店にやってくると古本屋の窓はすべて開かれており、出入り口も全開になっていた。

根元くんが店内に入ると、店の中には多様な臭いが充満していた。カレー、醤油系の煮物、焼けた肉、卵、果物、ニンニク。嗅ぎ分けられたのはそれぐらいだ。

胸焼けしそうな大量の料理の臭いが店に染みついたようになっている。

「昨晩のバイト中に何か食べたのか？」

不機嫌な店主にそう聞かれ、根元くんは信じてもらえないだろうなと思いつつも昨晩の出来事を話した。するとと店主は一応納得したようで、そのレシピ本を二人で探そうと言い出した。店の前に臨時休業の張り紙を張り出し、二人は店中の本をかき分けてレシピ本を探し始めるもレシピ本は中々見つからず、作業中も料理の臭いは強くなっていった。

食欲もなくなるほどの臭いに具合が悪くなりつつも作業を続け、夕方になってやっとあの古いレシピ本を見つけた。

店主はレシピ本を開いて内容を確認すると根元くんにこの本を手渡した。今日はもう帰っていいからこのレシピ本を参考に料理を一品作れと店主は根元くんに言い付けた。

根元くんは店主の言いたいことがよくわからなかったが、とりあえずレシピ本を家に持ち帰り、少し不気味だなと思いながらもページをめくった。

卵焼きのページが現れたのでこれでいいかと、書いている通りに調理を行った。

出来上がった卵焼きは料理初心者の根元くんが作ったとは思えないほど美味であった。

翌日、根元くんが出勤すると古本屋の異臭は完全に消えていた。店主に聞くと、朝にはすでに何の臭いもしていなかったという。

店主は根元くんにちゃんと料理を作ったんだなと言い、熱心に読み込まれた本には何かが憑いてくることがあると続けた。あのレシピ本もまだ務めを果たしたかったのだろう。これからも時折使ってやれと。

根元くんは今でもあの古いレシピ本を持っている。ひと月に何度か開き、レシピ通りに料理を作る。この本通りに作ると不思議と失敗しないのだそうだ。

天狗石

　伊藤さんが平川市の祖父の家に行った時のことだった。祖母と共に居間でくつろいでいると、雨が降っているわけでもないのに、トタン屋根がカンカンと音を立てた。最初は気にしていなかったが、音はしばらく続き、祖母が不気味がったので、伊藤さんは屋根に上って様子を見てみることにした。

　梯子を掛けて屋根に上ると、赤いトタン屋根の上には大量の小石が散らばっており、それは雨どいの中にも落ちていた。小石を片付けて、居間に戻ると、またカンカンと音がする。近所の子供たちが悪戯でもしているのだろうか、伊藤さんは玄関から出て、外の様子を見に行くと、家の庭と繋がった雑木林から、小石が飛んでくるのが見えた。

　頭に来た伊藤さんが怒声を発すると、雑木林の草むらが大きく動き、丸まると太った狸が現れた。狸は伊藤さんを一瞥すると、くるりと回って走り去り、雑木林の中に消えた。

　夜になり、祖父が畑仕事から帰ってきた。伊藤さんは昼間にあった奇妙な出来事を祖父に話してみた。

　すると、狸が出てきたと聞くやいなや、祖父は顔をしかめ、面倒なことになったとぼやいた。祖父が言うには、このあたりの狸は性質が悪く、悪戯が絶えないのだという。祖父が住んでいるのは小さな村であり、普段は見かけない伊藤さんを見つけたのが、物珍しさからちょっかいをかけてきていると、祖父は推察した。

「天狗石《てんぐ》をもらってこねば駄目《だな》いな。どれ、明日にでも山に入るが」

祖父はそう言うと、早めに寝てしまった。伊藤さんも山に同行することになり、山歩きの道具を急いで揃えることになった。

翌日、日が昇ると祖父と伊藤さんは山に入った。険しい山道を一時間ほど歩き、山の中腹ほどに来ると、小さな神社があった。

苔《む》が生した祠が祀られており、祖父と伊藤さんは落ち葉が積もった祠を綺麗に掃除すると、酒を一升供えて手を合わせて目を瞑《つむ》った。すると、何かが転がるような音がして、目を開けると、祠の前にあったはずの一升瓶が消えており、代わりに、緑色の小粒な石が置いてあった。それは西瓜《すいか》の種のような形をしていて、手に取ると鈍く光を放った。祖父は緑色の石を大事そうに布袋に入れると、伊藤さんを連れて山を下りた。祖父が言うに、これが天狗石というものなのだという。

家に帰ると伊藤さんに林檎《りんご》を一つ買ってこさせ、半分に割ると緑色の天狗石を果肉に押し込んだ。

天狗石の入った林檎を庭に置くと、伊藤さんに様子見役を任せて畑に行ってしまった。

時刻はまだ昼を少し過ぎたばかりであり、伊藤さんは今の窓からくつろぎながら、庭先の林檎を眺めていた。

すると、再びトタン屋根が音を鳴らし始めた。しかし前回と違い、音はすぐに止んだ。ガサガサと木々が音を立てて揺れ、雑木林の草むらから黒い顔が覗いたかと思うと、そろりそろりとあの太った狸が姿を現した。狸は庭に置かれた林檎の前まで来ると、夢中になって半身の林檎を齧りだした。

もうすぐ林檎を食べきるといったとき、狸は動きを止めた。頭を上に向け、空にいる何かを見ているようだった。ふわりと、狸の前足が宙に浮いた。続いて後ろ脚が浮き上がり、狸は地面から一メートルほどの空中に全身が浮いている状態になった。

おかしな事が起きているというのに、当の狸は大人しいもので、自分の体が浮いているのに身を任せているようだった。

それを見ている伊藤さんはじっと目を凝らすと、狸の下腹辺りに緑色のツタのようなものが絡まっているのが見えた。

それは狸を持ち上げる、植物のツタで出来た手のように思えた。

狸は数十秒ほど滞空し、やがて地面にゆっくりと降りていった。地面に着地しても狸はじっと空を見上げ続け、やがて我に返ったように身を震わせると、雑木林に帰っていった。帰宅した祖父に狸の話をすると、祖父は満足そうに頷いた。この一件から、屋根に小石を投げられることはなくなったという。

餅納め

津軽地方では、正月にかけて餅《もち》を作り、神社へ奉納するという伝統行事がある。正月の朝には、各家庭が餅をつき始め、立派な鏡餅を作るそうだ。

去年、牧多さんは村中から餅を集めて回る役目を任された。

昼頃に村の家々を訪ねては、新年の挨拶を交わし、餅を貰っていった。両手に抱える平らな木箱の中には、多種多様の餅が並び、それは箱から溢れ落ちそうなほど集まった。

牧多さんは箱を持ったまま神社へ向かい、餅を神前に供えると、奉納の儀に参加した。

神社のお宮には牧多さんの他にも数名の村人が集まっており、牧多さんもそのままお宮番をすることになった。

お宮番の役員には酒と鍋が振る舞われ、宴会が始まった。

神様の前で楽しく酒宴をする、というのもお宮番の勤めであり、牧多さんと村の人々は楽しく酒を飲むと、全員がひどく酔っぱらい、お宮の床にそのまま寝転んで、そのまま眠ってしまったという。

夜中のことだった。牧多さんは小用を催して目を覚ました。

トイレへ行き、お宮の中へ戻ると、神前に置かれた平らな木箱が一瞬動いたような気がした。牧多さんは木箱を覗き込むと、そこには餅が並んでおり、隅には大きな黒い羽根虫のようなものが這っていた。

それは牧多さんが覗き込んでいると察すると、動きを止め、ぐにゃりと歪むと体が溶けだした。黒いねり飴のような粘着質な液体になったそれは、円形に固まると、徐々に白くなっていき、やがて平餅のような姿になった。

牧多さんはその一部始終を見ており、酔いが回りすぎたかと思ったのだが、指を差して箱の中の餅の数を調べると、村中の軒家の数より一つ多い。不審に思った牧多さんは菜箸《さいばし》を持ってくると、虫のようなものが変化した平餅を摘み、外へ出た。

神社の境内には初詣の参拝者が何人か訪れており、御神木の隣では去年のしめ縄や護符を焚き上げる焼き場ができていた。

人の胴回りほどもある大きなしめ縄が燃え、火柱が上がるところへ、牧多さんは菜箸に摘んだ餅を突き入れた。すると、餅の表面がバチバチと音を立てて燃え上がり、青い炎が餅を包んだ。

人の髪が燃える、嫌な臭いが立ち昇り、炎の中から金切り声のようなものが聞こえたかと思うと、炎の中で燃える餅は黒ずみ、溶けだした。

糸を引いた黒い餅はそのまま、炎の中に落ちて、数回爆《は》ぜるとそのまま完全に燃えてしまった。牧多さんは先が燃え尽きた菜箸を炎の中に放り込むと、お宮に戻って酒を飲み、寝てしまったという。

正月が終わり、神社に供えられた餅を牧多さんは頂いた。雑煮にして食すと、去年のものより格段に美味であり、家族一同驚いたという。

「振り返っても、いない」ということ

高田公太

弘前市であったこと。

範囲が狭くなってしまい風評被害を起こす可能性があるので、町名などは秘す。

私が高校生の頃、学内で何かの折にクラスメイトの角谷と二人きりになり、夏だからと他愛のない怪談話や都市伝説の類いについて話している時に、角谷の口から語られたものである。

角谷は高校時に京極夏彦《きょうごくなつひこ》さんの『姑獲鳥《うぶめ》の夏』を私にお勧めしてくれたことで、今も印象深く私の記憶に残っている。

だが、残念なことに彼は今、故人である。彼は心筋梗塞で二十代前半にこの世を去った。

中学生の頃のある日、角谷は両親と一緒に市内のデパートに出かけた。

目的は日々の食材の買い出しで、こういった時は父が運転する車で家族で向かうのが通例となっていた。

買う食材の量も大きなビニール袋二つ程度なので、わざわざ息子を引き連れるまでもないのだが、買い出しに行く度に小遣いをもらって本を買うのが、角谷の楽しみだった。大きくなった息子が買い物についてきてくれるのが、親として嬉しかったのだろう、月に二、三回のことだが、親の財布の紐は緩く、毎度二千円の小遣いを貰うことができたそうだ。

駐車場に車を入れると、食品売り場に両親は向かい、角谷は小遣いを掴んで本屋があるフロアに直行する。

平日の夕方過ぎ。食品売り場には多くの人がいたが、他のフロアに人はまばらだった。本屋の中は立ち読みをする者が二人、時々本屋をぐるりと見て回って姿を消す者がちらほらといった様相。角谷は文庫本を二冊買うか、ハードカバーを一冊買うか、はたまた気になる漫画を買うかと、本を手に取ってはペラペラと捲って確認した。

そして文庫の棚で、ふと好きな作家の未読の一冊を見つけ、これを購入候補にすべきかと念入りに冒頭を読んでいると、とんとん、と後ろから肩を叩かれた。

知人か、はたまた親のどちらか。角谷は振り返った。

年配の男性が立っていた。

薄青い上下の寝間着姿で、横には点滴スタンドが立っている。

点滴から伸びたチューブは、スタンドを掴む左腕の袖口に差し込まれていた。

ひと目で外出中の入院患者とまではわかるのだが、何の用で肩を叩いてきたのだろう。

男性は耳の上あたりに少し白髪があるものの、ほとんどが禿げていた。

小さな身体。目鼻口も小さく、そのすべてがいくらか顔の中心に寄り気味なのが印象的だ。

「えと……」

角谷は何か愛想を振る舞うべきか悩んだ。

「ええ。あ、はい」

いまひとつ気が利いた言葉浮かばず、一応返事だけはした。

老人は薄ら笑みを浮かべ、ただこちらを見るばかりだ。

困惑しながら、改めて様子を上から下まで見ると、老人が裸足《はだし》でいることがわかり、ぎょっとした。

ひょっとして病院から抜け出したのかもしれない。あまり頭がシャキッとしていないようだし、誰か大人に教えてあげて病院に連絡をとってもらうべきなのではないだろうか。

角谷はそこまで思い至ったものの、結局は老人から顔を背け、立ち読みしていた文庫に視線を戻した。

（私が覚えている角谷は、口下手で照れ屋、感情表現が苦手な男だった。だからこそ、私に向けて突然、能動的に良書を薦めてくれた時のことが、ことさらに思い出深いのである）

困った時は黙っていればいい。

時間が解決する。

きっと自分が放っておいても老人はどこかに行ってしまうか、誰かがこの老人の世話をするか、どうとでもなるだろう。

まだ中学生の自分が動くまでもないのだ。

もちろん、背中に裸足で佇む老人の存在を感じながら、立ち読みをすんなり再開できるわけもなく、あくまで立ち読みをする振りをして、無視に努めた。

そうやって角谷が緊張しながら知らぬ存ぜぬを決め込んでいると、また肩を叩かれた。

「……え?」

振り返り、そう漏らす。

何か言葉を続けたいが、勇気が出ない。

老人は最初に見た時と寸分違わずに薄ら笑いのままだ。

裸足で固まったような笑顔を浮かべる、どこぞの病院の入院患者。

可哀想どころか、何か酷い目に遭わせられる可能性もあるのではないだろうか。

逃げた方がいいのかもしれない。

瞬時にそこまで考えたが、やはり角谷は本棚に向き直り、手に持つ文庫に視線を戻した。

時間が解決する。無視すれば、なんとかなるはずだ。

そろそろ店員が異変に気づいてくれればいいのだが、ＢＧＭのイージーリスニングが牧歌的な雰囲気を店内に醸しているばかりで角谷の緊張は誰にも伝わっていないようだった。

もし次に肩を叩かれたら、さすがに逃げよう。

逃げる自分をイメージした。


とんとん。


即座に振り返る。

が、老人の姿がない。

慌てて辺りを見渡す。

レジには暇そうな店員、雑誌のコーナーには背広姿の男性が二人。

地下の食品売り場へ急いで向かい、両親と合流した。

「今日は、本を買わねえのが？」

「買わねえ……さっき、変なことあった」

角谷は帰りの車中で両親に消えた老人のことを話した。

内気な十代の複雑な内心については端折《はしょ》り、なるべく老人が消えていたことの驚きを伝えるのみに留めた。

「見間違いだべ」と父は言い。

「こごの近くに、昔は病院が建ってでたがらねえ」と母は言った。


角谷、それ、お化けだんでねが？

んだべがな。

角谷、いいべな。お化げ見だんだな。おらも見てみてえな。

んだが。

角谷、京極夏彦の本、おもしろがったぞ。

んだ。高田くん、へば《じゃあ》良がったな。

京極夏彦、今度、新しい本出るらしいど……。

んだんだ。おらも楽しみだな……。

角谷。ありがとな。

水道、便所、長女の言葉

数年前の夏、近所の焼き鳥屋で手酌を楽しんでいた折、隣に座った見知らぬ老人と「弘前の夏はあっという間に終わり、またすぐ冬が来る」といった世間話をしていると、不意に話は始まった。

「おらの家、昔から水回りがまいね《駄目》して《で》な。どしたもんだがさ《どうしたらいいものだか》」

現在七十二歳の一戸さんは弘前の生まれで、七人いるきょうだいは皆、県外に嫁いだか鬼籍に入っていて地元にはいない。

独身の一戸さんは代々から持つ土地に建つ一軒家に一人暮らしをしていて、年金と貯蓄で悠々と暮らしている。

「冬さなれば、なんぼ水抜いても水道管凍ってまるはんで《しまうから》、困ったもんだね」

寒い日に水道管を凍らせてしまうのは雪国ではよくあることだ。

翌日の気温が氷点下になりそうなら、寝る前に水道の元栓を締めて、管に溜まった水を出し切ってから床に就くのが主な対策。一戸さんも冬になれば欠かさず元栓を締めるのだが、どういうわけか管が凍ってしまい、解けるまで半日は水を使えなくなる。

「大体や、夏でも勝手に水出たり、逆になんぼ蛇口捻っても水出でこながったり、家の水道はおがしいんだね」

まんずまいねしてな、どしたもんだがさ、と言葉は続く。

「水道屋さんさ、見でもらったらいいんでねえっすか?」と私。

「なもや。違うんだよもう何回も見てもらってらのよ。おらが小さい頃から、むったど何回も、水道屋さんだっきゃ家さ来てら」

一戸さんがまだ幼い、家族みんなが家にいた頃から、その家は水回りの調子が悪いのだそうだ。

「便所の水も流れないことある。上も下もまいねんずやぁ」

話をエスカレートさせる、ほどほどに酔った老人。

水のトラブルについてばかりを彼は語る。

「まんず昔だば、ぽっとん便所だったはんで、水に困るこどもねがった。したばって、おらんど俺たちきょうだいは便所が怖くてな。というのも――」

一戸家で一番しっかりものの長女が、昔から「便所が怖い」と、よく泣いていた。

何かいる。

何かに見られてる。

一日に数度は利用しそうな便所に対してそんな見立てをしていた長女は、なるべく家にいなくて済むように、夜になるまでの時間を学校か図書館、畑などで過ごしていた。

普段は至って常識的な割に、こと便所に対してだけ発露する長女の異様な態度は、兄弟全員を怯えさせ、結果子供たち誰もが、何かいるような、何かに見られているような、そんな疑念を持ちながら用を足すこととなった。

両親は別段、便所と調子の悪い水道に関して何か言うことはなく、ただ、怯える子供たちと出の悪い水道に困ったような表情を浮かべるばかり。

「――水洗便所さなってても、結局なんだがおっかねがったよ。水もあんまり流れねえし。水洗さなっても、なんだがたげ《なんだかとても》臭《くせ》ぇしや」

一戸さんの思い出話は、なかなかディテールがしっかりしていて、どこか怪談話めいた味わい深さがあった。

私はこの話の続きに、とうとうお化けのひとつでも出てくるのではないかと期待し、「それ、何がの祟りなんでねえっすか」といくらか恣意《しい》的に続きを促した。

「祟りなあ。おらんど兄弟もよぐそうやって喋ってらもんだばって、みんな童《わらし》でったはんで《だったから》祟られるんたごど《祟りについて》、なんもわからねえっきゃ。親さ『なんが祟られるんたごとしたが?』って聞ける訳《わげ》もねえし」

一戸家は、結局はその水回りの違和感と共に生活し、そうしている間に成長した子供たちは一人また一人と県外へ巣立って行った。

両親それぞれの晩年の世話は一戸さんが単身請け負った。

母亡き後、父は身体が思うように動かない年齢に差し掛かると、早々にりんご畑を売り、隠居。

一戸さんは定年まで商社勤めだった。

「まあ、いろいろあったばって、一人暮らしもいいものだ」

結局お化けが出てこないまま、話が閉じられようとしていたが、私は良い雰囲気の話を聞けたと満足していた。

「ああ、待でよ」

一戸さんはいかにも何かを思い出したように、眉間に皺を寄せながら言った。

「そういや、長女がずっと大きくなってから、変なこと言ってらんだ」

両親の死後、長女が何かの折に帰省した時のこと。

茶を飲みながら何気ない話をしていると、長女は「やっぱり、ここの便所はまだ怖ぇじゃ――」と言い出した。

「――この家だっきゃ、罰当たりだんだね」

「何がぁ?」

「父《と》っちゃも母《か》っちゃも、むった神棚さ手ば合わせでらべ」

「んだ。そいがどうした?」

「おら、いっぺん父っちゃさ、聞いたこどあるんず。神様さ、何お祈りしてらの? ってや」

「うん。したっきゃ?」

「台風来ても、自分の所の畑だけ助かって、他の人の畑だけぶっ潰してください、ってお祈りしてらんだどよ」

「あはは。だ訳ねーべ《そんな訳ないだろ》」

「ほんとだね! たっきゃ《そうしたら》ほれ《ほら》、一回小さい台風来たっきゃ、うちの家だけ助かったべ?」

「そしたこどあったが?」

「あったんだね! したっきゃ《そうしたら》、町内の川村さんの畑、潰れてまってらあ。首吊ってまったっきゃさ。覚えてねえが?」

「覚えでねえな」

姉が言うには、両親はずっと昔から、そうやって神様に利己的なお願いしていたのではないか。だからあれほど水回りが悪く、便所に妙な気配があったのではないか、とのことだった。


「あんまりくだらねえ話だから、忘れてら」

今にもお化けが出そうだが、やはり出ない。

さすがにここまで聞いた私は、少しだけ私は焦《じ》れた。

「あの……一戸さん？」

「ん？」

「あの、一戸さんはなんがこう。お化けだけんたもの《みたいなもの》、見たことないんですか？」

「んー。童の頃だばなあ。それこそ便所で……」

「見だんすか？」

「見ではねえけど。クソしてらっきゃ、後ろから首とば絞められたことある。暴れだっきゃ絞めてらのはどごかさ行ったばってな」

首を絞められた。

どうしてそれを先に言わないんですか。

「まあ、ううん。今、思い出したんだね。ただ、水回り悪いのは困りもんだね。まんず、困る」

それ以上、一戸さんの思い出話が語られることはなかった。

話を終えると、一戸さんは何を思ったかそわそわと落ち着かない様子になり、すぐに会計を済ませた。

「お祓いでもした方がいいんだべがの」

帰りしな、一戸さんは少し困ったような顔で私にそう言った。

「どうだんすかね」

私もまた困り顔でそう返事をした。

怪談随筆「弘前を歩く（中学校へ）」

本書の編著者黒木あるじさんと私は、同郷という言葉だけは到底足りないほど生家が近い。徒歩で五分もあれば到着する距離に互いの実家があり、私は通勤のたびに黒木家の前を過ぎている。時々、軒先にあるじさんの母がいて、挨拶を交わすこともある。

あるじさんが小・中学校の一年か二年先輩にあたる（学年差を詳しく確認をしたことがないことに今気がついた）人物だと知ったのは、新聞記者になり郷土作家に関する内部資料を見てのことだった。これほど狭いエリアに怪談作家が二人生まれていることそのものが怪談的に思えるが、さらに言うなら、ルポライターの鎌田慧《かまたさとし》さんの生家も近所で、日本新聞社長で俳人正岡子規《まさおかしき》に活躍の場を与えたことで有名な陸羯南《くがかつなん》に至っては、私と同町の生まれである。

そもそも弘前は全国的にみて珍しい、文人を多く輩出する町なのだ。

大戦時、青森市は「青森大空襲」に見舞われたが、弘前市は空爆を免れた。

終戦後、弘前の軍事施設のいくつかは学校に変わっていった。

建物を砲弾に晒されることがなかった軍都は学都に変容した。

もともと弘前が、城下町ならでは文化レベルの高さを誇っていたことに加えて、学校が次々と建っていったことで、「創造性」に拍車がかかったのだろう。

弘前大学からは多くの学者、医者が生まれ、古い建築物と豊かな自然を残しながら近代から現代へと進んでいく町の様相は、文学者や芸術家を刺激した。

石坂洋次郎《いしざかようじろう》、長部日出雄《おさべひでお》、今官一《こんかんいち》らが弘前から生まれたのは、この地の力があってこそのことだろう。

自動車で国道を走りながら、山を見れば神に会うことができる。

弘前はそんな町なのだ。

二

皆さまに弘前の一部を紹介したい。

私の実家から、私とあるじさんの母校、弘前市立第四中学校に向かう道を案内する。

家を出ると、まず目の前に弘前大学医学部がある。右に向いて歩こう。

その昔、家の前の通りには、一軒の廃アパートがあった。

いつからその状態なのか定かではないが、一番古い記憶でもすでにボロボロで、金網だったかトタン板だったかのバリケードが雑に設置され、一応は立ち入れないようになっていた。

小学生時、学校帰りにこのアパートの前を必ず通らねばならないのが、嫌で堪らなかった。というのも、学内の噂で「二階の一室で首を括った者がいて、それが出る」というざっくりしたお化け話があったのだ。

嘘か本当か、同級生の数人が夜間に敷地に侵入し、二階のとある部屋の郵便受けから中を覗いたところ、「人がぶら下がっているシルエットを見た」。私はまさかと思いつつ、昼間にくだんの部屋のドアにある郵便受けから中を覗いたのだが、ぶら下がっているのは、恐らくは蛍光灯にかつては繋がっていたのだろうコードが天井から垂れているのみ。

もっとも、たとえ「首吊りの紐」と「コード」に大きな差があるとはいえ、「ぶら下がっている」という部分が一致していたせいで、高田少年はたったそれだけで震え上がったのだった。

坂を上がると、寺町に辿り着く。

どこもかしこも寺だらけ、とはさすがに過言だが、弘前の外を知らなかった私はこのような寺が密集した町はどこの市にもあるものだと思っていた。大学進学のために京都へ出て、「寺町」に何度も足を運んだものだが、古都の寺町は弘前のそれとまったく様相が違い、イメージが被らない。京都の寺町は正直、あまり「出そう」な気はしなかったのである。

ここまで来るとまともに歩道を進んだとて、中学校までさほどの距離ではないのだが、この辺りに詳しい学生の中には、ある寺を抜けて行く近道を使う者もいた。

いつもその門が開いているのだから、通ってはいけないということもなかったのだろうが、私は連れとその近道を通る度にどこか後ろめたい気分になった。

その近道は墓所を抜けていくものだった。

一度、部活で遅くなった帰りに一人で墓所を通ってみたのだが、もう十代も半ばというほど成長しているにもかかわらず、すっかり雰囲気に負け、そそくさと小走りで抜けた。

ある学生が夜分にこの近道を通ったところ、家に着くなり家族から「どうした、その汚れは」と指摘され、確認すると服が煤だらけだった、という話を大人になってから聞いた。

実際に夜分に通った私からすると、さもありなん。

近道を使わずに歩道を行くと、左側に寺の塀が続いている。

塀の向こうには墓があり、未来の怪談作家二人は毎日毎日墓の横を通って通学していたわけだ。

塀は私の一番古い記憶では節《ふし》のある古ぼけた木造だった。現在は現代的な素材の区画が多く、木造だとしてもつるりとした表面のもので成っている。

この塀に纏《まつ》わるもので、私がよく怪談会で披露する、お気に入りの話がある。

田村くんは部活の帰り道、ふと墓と歩道を隔てる塀に小さな穴が空いていることに気がついた。

押していた自転車を止め、穴を覗く。

すると、暗くなっていたためはっきりとは見えないが、誰かが墓の前でしゃがんでいるシルエットが見えた。

墓参りに時間は不問だろう。それにしても、穴から墓場を覗くと随分と雰囲気がある。

一度目を離してから、もう一度覗いた。

やはり人がいる。

少しだけ目が慣れ、しゃがんでいるのは女性であるらしいことがわかった。

やはり雰囲気がある。

また目を離し、もう一度覗く。

今度は女の姿がない。

墓参りが終わったのだろうか。

目を離す。

しかし、また好奇心が勝つ。

覗く。

すると。

間近に見えたものは、ギラギラとした一つの眼球だった。

壁一枚を挟んであの女がいる。

そして女性もこちらを覗いている。

田村くんは大慌てで自転車に乗り、その場を去った。

三

墓所脇の通りを真っ直ぐ行けば団地があり、それを横に見ながらやがて母校に着く。

しかし、少し寄り道をしよう。

今はもう存在しない、ある一角の町並みについてである。

十代前半の自分はそうとは意識していなかったが、大人になった今ではあの一角に建っていた物件は相当に家賃が安かっただろうと想像できる。

一見人が住んでるとは思えない斜めに傾き壁に隙間があいた平屋、二階建てのアパートだが、コンクリの壁に何ともいえない経年からくる染みがあり、一階の窓辺に古本らしきものが積み重ねられた建物。所々割れた窓ガラスをビニールでつぎはぎした家。そういった住居が点在する場所がかつて存在した。

では、その一角であった話を一つ。

団地に住む男性が夜間に犬の散歩をしていると、その一角の小道で大きなカバンを持つ女性の姿を見つけた。

女性はきょろきょろと辺りを見渡し、何かを待っているような様子だった。

男性はその辺りを「柄の悪い所」と認識していたので、足早に女の横を通って去ろうとした。

「待って！」

ちょうど女を背にした瞬間、突然大声で呼び止められた。

「はい？」

反射的に顔を向けて応対すると、女はカバンをドンと下に置き、

「連れってって！」

と男性に走り寄り、背中におぶさってきた。

男性は驚くより先にぐっと胸の苦しさを覚え、意識を朦朧とさせながら歩を進めた。

今、自分が女をおぶっているのかわからなかった。そんなことより、一刻も早く家に帰りたかったのだそうだ。

男性は家に戻るとすぐ布団に入った。

吐き気と倦怠感に苦しみながら、眠りにつくのを待った。

そしてそれからの一週間、高熱に苦しんだ。

四

さて、無事に中学校に着いた。早歩きで十五分、上り坂なので、自転車でも十分はかかる道のりだ。

あるじさんと以前、こんな会話をしたことがある。

「高田さん、こった《これほど》近所に実話怪談作家が二人もいるとは弘前はやっぱりおかしな町だと思わねえが」

「ええ。んですね」

「あんな寺と神社、山ばっかりの暗い所でうちらは育ったんだ。お化けが出でもおかしくない場所で」

「まんず。んですね」

そうして我々は「ここで育っていなかったら、怪談作家にもなってなかっただろう」と意見を合わせた。

山形県

出羽怪《でわのかい》・諸々《もろもろ》

黒木あるじ

四半世紀も山形に暮らしていると、ご当地ならではの怪談がそれなりに溜まってくる。なかには郷土色が強すぎて、ほかの話と混ぜるのが難しいものも少なくない。

今回は絶好の機会ゆえ、それらの話をひとまとめにご紹介したいと思う。短いながらも土と風と潮の香りただよう怪異譚を堪能いただければ幸いである。

◆　◆　◆

山形県の南端、飯豊町《いいでまち》は中津川地区での話。

ある男性が、知人の庭師から新築祝いに庭木を譲り受けることとなった。

さっそく庭師宅へおもむき、楓《かえで》や灯台躑躅《どうだんつつじ》などを見定めていると、ふいに一本の胡桃《くるみ》の若木が目に留まったのだという。

しっかりした幹、青々と生い茂る葉。生命力みなぎる姿に惹《ひ》かれるものを感じ、男性は「我が家にこの木を植えたい」と即断した。ところが、そう告げるや庭師は笑顔を曇らせて、

「家の近くサ植えんなよ」と低い声で言うではないか。

「ほいづ《そいっ》は、人の声を聞きたがっから」

発言の意味するところを、男性はすぐに理解した。中津川地区には〈胡桃は人間の声を聞きたがるので、家の近くに植えてはならない〉という謂れがあったからだ。

けれども、男性は庭師の言葉を「迷信に過ぎない」と鼻で笑った。

「胡桃を家のそばに植えるなというのは、住宅の下まで根を伸ばすからだ。昔の家屋ならともかく、基礎がしっかりしている最近の家ならば問題ない。そもそも、声なんて好きなだけ聞かせてやればいいじゃないか」

こうして忠告を軽く受けながすと、男性は胡桃を自宅に持ち帰り、窓から見えるように自室の脇へと植えた。

そして——その晩、七歳になる息子が体調を崩した。

熱にうなされては何度も嘔吐《おうと》し、言葉にならない声で唸《うな》っている。青ざめた顔には玉の汗が浮き、寝床には小刻みに歯の鳴る音が絶えず響いていた。

息子の様子に男性はたいそう驚き、「夜が明けたらすぐに医者へ連れていこう」と決めた。

けれども朝を迎えた途端、息子はけろりと治ってしまったのである。

困惑しながら安堵したのも、束の間。

翌日もその次の日も、息子は夜になると高熱に悶絶した。それが一週間も続いた。

七日目の夜――あいかわらず悶える我が子を眺めるうち、はたと男性は気づいた。

「人の声を聞きたがる」とは、これではないか。

胡桃が聞きたがっているのは、唸り声なのではないか。

大好きな声を聞くために、息子を夜な夜な苛んでいるのではないか。

翌日、重機を借りて胡桃を庭はずれへ植えなおすと我が子の熱は嘘のようにおさまった。

男性いわく「本当は伐り倒したかったが、それもなにやら恐ろしかった」のだという。

その後、木は十年ほどで枯れてしまった。

実がつくことは一度もなかったが、根元で野鼠が頻繁に死んでいたそうである。

◆
◆
◆

三年ほど前に、鶴岡市在住の女性より聞いた話。

その日、彼女は同市の由良《ゆら》海岸を散歩していた。時刻は日没のまぎわ、日本海が朱色に染まる頃合いであったという。

と、鮮やかな水平線に目を細めていた矢先、彼女はこちらへ近づいてくる人影を視界の端にみとめた。影は夕日を背にしており、逆光で表情や服装はわからない。

この時間に浜歩きなんて、もしや近所の人がの――。

確かめようと向きなおって目を凝らすなり、足が止まった。

人影は、歩幅と速度がまるで合っていなかった。空港で見かける〈動く歩道〉のように、ひとあしで常人の数歩を進んでいる。おまけに歩き方も異様にぎこちなく、足元に藻《も》でも絡みついているのかごとく、がたがたと身体が左右に揺れている。

あ、そうか。人じゃないんだ。

あれ、何人もの身体をくっつけているんだ。

荒唐無稽だと思いつつも直感には抗えず、とっさに顔を伏せて目を逸らす。

まもなく、影が彼女の脇を横ぎっていった。一瞬だけ視界に入った足は大きさも形状も皮膚の質感もばらばらだった。右足はすべての爪がなく、左足は親指があるはずの箇所に複数の小指が生えていた。

その場に立ったまま身を強張らせるうち、足音は荒れはじめた波の奥へ消えていった。

数十秒経っておそるおそる視線を移したが、そこにはすっかり暮れなずんだ海と沖に、そびえる無人島があるばかりで、人の姿は何処にもなかったという。

『庄内の海岸・伝説と由来』（庄司秀春／六兵衛館）によれば、由良沖にある無人島では断崖から飛び降りる自殺者が絶えず、そのため近年は心霊スポットとして知られているという。また、島内には海上の死者を弔う供養碑が建っている。

◆　◆　◆

山形県村山地方にそびえる葉山《はやま》は、役小角《えんのおづぬ》が開山したとされる山岳修験の聖地である。江戸時代初期までは出羽三山の一山に数えられており、その名残りか近年も山頂の奥の院へ参拝する者が絶えない。山頂へ続く参道にはヘノザと呼ばれる沢があり、一軒のヤケ（登拝者用の避難小屋）が建っていた。ご来光を拝む際や荒天のときに利用されるのだが、泊まる者はあまり多くなかったという。

ヤケで僧侶に遭遇した人間は、数日中に死ぬ——との噂があったからだ。

「僧に遭った者は極楽に行ける」という話も伝わっていたが、だからといって容易に死を受け入れられようはずもない。ゆえに登拝者は僧との遭遇を避けようと、急ぎ足で葉山を登ったものだと聞いている。

さて——昭和なかごろ、ひとりの男が知人とヤケに泊まった。日帰りの予定が急な嵐に見舞われてしまい、やむなく小屋へ一泊することになったのである。

その日の夜、ごうごう吹く風の音を聞きながら寝袋にくるまっていると、隣で寝ていた知人の姿がない。見れば、知人はわずかに開けた窓から顔だけを覗かせ、おもてに向かって「馬鹿にすんな、馬鹿にすんなよ」と、しきりに怒鳴っている。

驚くままに跳ね起きて「いったいどうした」と訊ねるなり、知人は「いや、妙な気配に目を覚ましたら、坊さんが小屋を覗いてニタラニタラ笑っているんだ。その顔があんまり嬉しそうなもので、叱りつけてやったのだ」と答えるではないか。

ヤケの噂を思いだしたものの、まさかこの状況で教えるわけにもいかない。

その場はやむなく「まあ落ちつけよ」と知人をなだめ、床に就かせた。男性自身も噂を鵜呑みにはしていなかったから、翌朝目覚めたときにはすっかり忘れていた。

だが——下山の翌週、やっぱり知人は亡くなった。

田んぼへ向かったきり行方がわからなくなり、翌日に畦の地蔵を抱きしめた遺体が発見されたのだという。

「ご遺族も納得できなかったのでしょう。葬儀の席で、故人と最後に会った私へいろいろ訊いてきました。その際教えてもらったんですが……知人の遺体、顔だけひどい火傷を負っていたらしいんです」

ちなみに、ヤケ小屋が建っているヘノザは漢字で〈火の沢〉と書く。

◆　◆　◆

米沢市で、昭和の末にあった話と聞いている。

ある男性が妻との旅行中、急病で不帰の客となってしまった。

悲しみに暮れながらも、妻はおおいに悩む。夫妻が暮らす地域では葬儀に際して独特の細かいきまりごとがあり、夫もそれらの風習を重んじる人物だったからだ。

とはいえ、余所の土地で無理を言うわけにもいかない。やむなく妻は旅行先の葬儀社へ納棺を頼み、夫のなきがらに連れ添って米沢へ戻る手筈となった。

さて、そのころ男性の家では訃報を受け、親族の男性が留守を守っていた。

なんとも言えぬ心持ちで夫妻の到着を待つ。

時計の針はいつもより遅く、居間の空気が普段より重い。

まだか、まだ着かないのか――と、静かに焦れていた、そのさなか。

妙な音に気づき、男性は耳をそばだてた。

ざすう、ざすすう。

なにかを引きずるような音が、床下から聞こえている。

野良猫か、それとも狸か。まさか、気の早い香典泥棒ではあるまいな。彼は懐中電灯を握りしめて縁側へ踏みだすと、逆さまになって縁の下を覗いた。

「な」

故人がいた。這っていた。

真っ白な着物姿で、うつ伏せになり地面をのたくっていた。

男性は居間へ逃げ帰ると仏壇に手を合わせ、うろおぼえの経を唱え続けた。

どれほど時間が経ったものか――ふいにエンジン音が玄関先で聞こえ、まもなく故人の妻が棺と一緒に室内へ入ってきた。

いましがたの出来事を知らせたかったものの、憔悴《しょうすい》した顔を見るかぎり、とても言える雰囲気ではない。やむなく男性は口を噤んだまま棺桶を運んでいたが、棺の窓が開くなり、思わず「これか」と声を漏らした。

故人の着ている経帷子が、泥だらけになっていたのである。

米沢の一地域では、故人へ古い着物を着せて荼毘《だび》に伏す習慣があるという。

旭座幽霊

私の暮らす山形市は〈映画の都〉なる別称を有している。

ドキュメンタリー映画に特化した映画祭が隔年で開催されているのに加え、古くから映画館が多かったことに由来するらしい。千歳館《ちとせかん》、霞城館《かじょうかん》、紅花劇場、銀映、日活、松竹、東宝、大映、山形宝塚——戦後の一時期は、市内に十一もの映画館があったそうだ。

とりわけ、シネマ旭《あさひ》は山形のシンボル的な存在だった。

明治初期に建てられた芝居小屋「旭座《あさひざ》」が前身で、大正六年に県内初の映画館へと改装された。戦後は鉄筋コンクリート五階建てに改修、周辺地区が「旭銀座」と命名されるほどの盛況ぶりであったという。すなわちシネマ旭は、山形の歴史を内包した映画館といえるかもしれない。良い時代も、芳しくない時期も、恐ろしい瞬間も。

学生だったおよそ四半世紀前、私の同級生がこのシネマ旭でアルバイトに勤しんでいた。「業務のあいまに映画を鑑賞できる」という、垂涎ものの労働条件だったのをいまも憶えている。しかし羨望する私を呆れ顔で見るなり、彼女は溜め息をついた。

「あそこ……出るんだよね」

シネマ旭は二階に事務室があり、職員やアルバイトは外に設置されたスチール製階段で、おもての路地から出入りする仕組みになっていた。

その階段を、深夜に誰かが登ってくるのだという。

「事務作業をしてるとね、カン、カン、って靴音が響くの。だから〝あれ、今日って誰かシフト入ってたっけ〟と思って外を覗くんだけれど、誰もいないの。そんなことが何度となくあってさ。社員さんのなかには、本気で怖がってる人もいたな」

もっとも、当の同級生はあまり恐ろしいと思っていなかったらしい。

「そりゃ、足音の主《ヌシ》を見ちゃったら怖いよ。でも、音じゃん。だったら別にって感じ。むしろに館内でアレをはじめるカップルとか、従業員に怒鳴る酔っぱらいのほうが何倍も怖いよ。お前らアホか、映画観ろっての」

と——そのときは愉快そうに笑っていたのだが。

それから数ヶ月後の、ある深夜。

彼女は映画館近くの居酒屋で、サークル仲間と飲み会に興じていた。

「盛りあがって三軒くらいハシゴしたのかな。さすがに酔ってたんで、チャリンコを引っ張りながらアパートをめざしてたのよ。で、映画館の前を通りすぎようとしたら、カンッ、カンッ……って高い音を鳴らしながら」

音が、階段をおりてきたのだという。

足が見えた。

足だけだった。

と――聞けば、たいていは〈膝から上が暗闇に溶けている姿〉を思い浮かべるはずだ。

そのときの私もそうだった。しかし「違うのよ」と、彼女は否定した。

「断面があったの。脛のあたりからスパッと切断されて、ブツブツの脂が混じった肉とき
れいな円形の骨が見えて。当然、チャリにまたがって全速力で逃げたわよ」

まもなく、同級生は卒業制作に集中するためアルバイトを辞めてしまった。それゆえ、
足音の主を目撃したのは一度きりであったという。

「あ、でも退職の日に仲良しのバイト数名と飲んだのね。そのとき、なんとなく例の出来
事を話したら……ひとりの子が〝良いなあ〟って静かに言うと」

わたしが見たのは〈膝から上〉だったから――。

詳細を聞く前に、遅れてきたバイト仲間が店へなだれこんできたため、話はそれきりで
終わりになってしまったそうだ。

正直に告白すると、私は長らくこの話を忘れていた。

切断された足のビジュアルこそ強烈ではあるものの、その一点を除けば凡庸な怪談だと当時も感じていたのだろう。そんなわけで、記憶のかなたに追いやっていたのである。

思いだしたのは、つい先日のこと。

明治期の地元紙を調べていたおり、シネマ旭の前身に絡む怪談を発見したからだ。

以下は、明治十三年三月三十一日付の山形新聞に掲載された記事の要約になる。

《旭座で上演していた旅芸人一座の役者、市川由之介《ゆのすけ》が急病にかかった。さすがに舞台へあげるわけにもいかず、芸人らは由之介を宿に残して旭座へと公演に向かった。ところが、舞台を終えた一同が楽屋へ戻ると、伏せっていたはずの由之介が座っているではないか。と、由之介は役者たちひとりひとりに向かって丁寧に挨拶をするや、その場で霞のように消えてしまったというのである。驚いて宿へ戻ってみれば、由之介はすでに亡くなっていたという》

同級生が目撃するよりはるか以前に、あの場所で怪異が起こっていたのである。

なるほど、一世紀以上の歴史を持つ建物だと考えれば、どのようなことが起こっても、どのようなモノが集まっても不思議はないのかもしれない（余談だが映画館近くの小路では、昭和十一年に男性がメッタ刺しで殺された〈山形事件〉も起こっている）。繁華街の影、山形の闇が集うにはお誂えの場所だった——とは、考えすぎだろうか。

シネマ旭は、レンタルビデオなど娯楽が多様化したあおりを受けて、惜しまれつつ平成十九年に閉館。翌年に解体され、現在は広大な駐車場へと姿を変えている。

では、怪しいモノも鳴りをひそめてしまったのか——と問われたなら、答えは否だ。この駐車場周辺で起こった奇妙な話を、私はすでに収集している。なかには「深夜の路上で靴音に追いかけられた」「空中を闊歩《かっぽ》する足を目撃した」などの報告もある。

どうやら——まだなにも終わってはいないようだ。

そのあたりについては『奥羽怪談』続刊で紹介できればと考えている。

奥羽異譚・山形編

「夜中のおとむらい」という怪談をご存知だろうか。

テレビアニメ『まんが日本昔ばなし』で平成元年に放映され、三十年以上を経た現在も「怖かった話」として、たびたび話題にあがる作品だ。

実は、この「夜中のおとむらい」、山形県の鶴岡城下が舞台なのである。

アニメの原作は昭和三十三年刊行『出羽の民話』（沢渡吉彦《さわたりよしひこ》／未来社）収録作だが、それより以前、昭和十三年刊行の『新怪談集 物語篇』（田中貢太郎《たなかこうたろう》／改造社）には「葬式の行列」の題名でおなじ話が掲載されている。こちらを底本に、あらすじを紹介してみよう。

《ある日の夜半すぎ、庄内藩士の大場宇兵衛《おおばうへえ》は寄り合いを終え、家路についていた。すると前方から葬式の行列がやってくる。こんな時間に葬列とは面妖な――疑問を抱いた宇兵衛が先頭の男性へ「どなたのお葬式か」と訊ねたところ、男は「これは大場宇兵衛の葬式でござる」と答え、去っていった。

宇兵衛が呆然としつつ帰宅すると、玄関前には葬式の送り火を焚いた痕が残っているではないか。動転した宇兵衛はまもなく気鬱《きうつ》の病にかかり、やがて本当に送り火を焚かれる

身となってしまったという話である》

本稿を書くにあたってさらなる原典を探してみたが、『新怪談集 物語編』以前の文献に同様のエピソードは見つけられなかった。

しかし「田中貢太郎の創作だ」と断定するのは、やや早計のようだ。

『荘内史要覧 鶴岡市史資料篇』(鶴岡市史編纂会)掲載の「慶応四年分限帳」には、物頭(足軽大将と同等の役職)として大場宇兵衛の名が記されている。

つまり彼は実在の人物、この出来事は正真正銘の〈実話怪談〉だったわけだ。

幕末の山形で起こった怪談が語り継がれ、長いときを経て、我々のもとへ届いた──そんな空想を巡らせながら「夜中のおとむらい」を鑑賞すると、怖さもまたひとしおではないだろうか。

出羽怪・様々《さまざま》

場所や地名を明かしてくれるな――。

怪談の取材時、そのように要請されることは珍しくない。

むろんこちらは無条件で承諾する。詳細が知れれば話者や周辺地域に不利益が生じるであろうことは想像に難《かた》くない。不遜《ふそん》な輩が物見遊山《ものみゆさん》に訪れる可能性もある。それらを鑑みれば、きわめてまっとうな判断といえよう。

だが、その手の話は当然ながら『奥羽怪談』には不向きである。何処で起こった出来事なのか詳らかにしなくては〈ご当地怪談〉足り得ないからだ。反面、詳細を伏せてもなお掲載したいほど魅力的であるのも、また事実。まことに悩ましい。

そこで、本稿はあえて具体的な地名を明かさぬ話を選りすぐって、読者諸兄姉の想像力に委ねてみたいと思う。

以下の話はすべて〈山形県某所〉の出来事である。

各々が思い描く山形の風景を脳裏に浮かべながら、頁を捲ってほしい。

◆　◆　◆

怪談と無関係な取材で山村へ赴いたおり、年配の男性が「炭焼きをしていた若い時分、一度だけ天狗らしきものを見たっけの」と、ふいに漏らした。

らしきもの――煮えきらぬ語句に首を傾げていると、男性は、ぽつ、ぽつと木の実でも摘まみあげるような調子で、以下の出来事を語ってくれたのである。

その日――彼はふもとの燃料問屋へ炭を売るため、沢伝いに山道を歩いていた。

山あいの村から里までは、街道を迂回すれば丸一日を要する。半分ほどの時間で行ける山道を選んだのは必然であったという。

とはいえ、山中を進むのはなんとも心細かった。晴天にもかかわらず、鬱蒼とした森の所為《せい》で周囲は薄暗く、谷に反響する沢のせせらぎが笑い声のようにも聞こえる。

「やがましのォ」

怖さをまぎらわせようと、虚空《こくう》に向かって軽口を叩く。

と、次の瞬間――路傍の竹藪《たけやぶ》を割るようにして、見知らぬ男があらわれた。

タヨサマ（筆者注：土地の言葉で神主）そっくりな格好で、服も顔も泥まみれの大男であった。身の丈は九尺（三メートル）ほどもあったそうだ。

あまりの大きさに驚きつつ視線を上へ移すなり、男性は腰を抜かしてしまった。大男は、顔のまんなかから赤ん坊の腕が生えていたのである。

ちいさな指が、わきわきと動いていたのである。

大男はへたりこむ男性の前をのっそり横切ると、沢の奥へ消えていったという。

「天狗の鼻が長いとは、あれを見間違えたんでねえかの」

とは、古老の持論である。

◆　◆　◆

県内某所にあるS氏の実家には〈知らない女〉が棲んでいた。

もちろん家族ではない。それどころか生身の人間ですらない。

なにせ、右目が椿の実なみに大きく、左目は胡麻《ごま》より小さいのである。頸が鶴のように長いのである。どう考えても、人であろうはずがない。

廊下の隅、障子戸の前、裸電球の真下、庭の奥。女は場所の見境なく姿を見せた。

基本的にはぼんやり立っているだけなのだが、ときおり身体を左右に揺らすこともあった。腰まで伸びた脂っ気のない髪が、振り子のようにぶらぶら動いていた。

幼い時分、S氏はこの女が怖くて仕方がなかったという。

いきなり出現するものだから驚くし、いつ遭遇するかと思うと気が気でない。なにより「家族以外のなにかが家に居る」という事実が恐ろしくて堪らなかった。

両親も女には気づいているようで、母などはときおり「きゃっ」と叫んでいる。しかしそれ以上はなにも反応せず、半ば居ないものとして扱っているようだった。

そんな家族のありさまも、怖くてならなかった。

そんなある日——手洗いへ赴いたS氏は、柱の陰に佇む女と出遭ってしまう。

気づかれたくない。あの目で見られたくない。

声を出すまいと唇をかたく結んだ直後、仏間から「どしたや」と祖母の声が届いた。

緊張の糸が、ぷつ、と切れた。S氏は泣きながら仏間へ駆けこむなり、祖母の膝に頭をうずめたまま、いま見たものを涙声で説明した。

孫の話を聞き終えると、祖母はS氏の頭を撫でてから優しく言った。

「ほいづ《そいっ》ァ、狐だ」

「……狐って、あのコンコン鳴く狐?」

「ンだ。こごらサは政太郎だの姫次郎だの名前のある狐が居ンなだ。オラの家《え》サ居るのも狐よ。人ば化がしておもしゃがる《おもしろがる》ンだずねェ」

おだやかな口調で祖母が説く。

途端、それまでの怖気《おぞけ》が嘘のように消えていった。

自分は揶揄《からか》われていたのか。顔が歪《いびつ》なのは、もしや化け方が下手なだけなのか。

ならば――恐ろしくない。

正体が知れているのだ。単なる狐だ。しょせんは獣なのだ。

その後もS氏は何度となく女を目撃したものの、もう叫びも泣きもしなかった。就職で実家を離れる前の晩には、笑う女に「またな」と返す余裕さえあったという。


さて――四年ほど前、祖母が腰の骨を折って寝たきりになった。

S氏が見舞いのために帰省すると、祖母は仏間で蒲団にくるまったまま天井をぼんやりと見つめている。

声をかけても返事はなかった。母いわく、すでに意識もおぼつかないとの話だった。

悲しみを隠すように、彼は寝床のかたわらで祖母との思い出を語って聞かせた。庭先の花火が楽しかったこと、お手製の納豆餅が好きだったこと、中学校のとき編んでもらった手袋をいまも使っていること――思いつくままに話した。

と、あの女の話題になった瞬間、

「ほだな狐はいねェ」

祖母の瞳が動き、目尻から涙が垂れた。

意思疎通がはかれた喜びよりも、発言に対する戸惑いが勝った。

どういう意味なの——訊ねる孫をじっと見つめ、祖母が泡だらけの口を開いた。

「狐だど思わねば、オラも怖くて住めねがったんだもの」

その言葉を最後に祖母は再び表情が失せ、回復しないまま翌週に逝った。


Sさんは、いまでも実家でときおり女を目にする。

あまり深く考えず、居ないものとして扱うよう努めている。

◆　◆　◆

Aさん宅は、怪談好きなら知らぬ者がいない心霊スポットの手前に建っている。

「いや、地元のオレが気にするわけねェべ。もとは修験者が蔵王山へお参りする前に身を清める処だもの。いつのまにか、余所《よそ》の野郎《ヤロ》コが勝手に怖がりだしたのよ」

かねてより肝だめしに訪れる輩は多かったが、ここ二、三年は昼夜の区別もなく訪ねる若い連中が増えた——とはAさんの証言。どうやら、インターネットの動画で紹介されたことが原因らしい。

「それじゃあ、さぞや迷惑しているんじゃないですか」

そんな私の言葉を、彼は笑いながら「ありがたいばっかりだ」と否定した。

ありがたい——とは。思わず首を捻る。

「土産《みやげ》が売れる」とか「茶屋が繁盛している」というならば、発言も納得できる。だが、Aさん宅は普通の民家なのだ。恩恵に与る要素はひとつもないのだ。

訝《いぶか》しむ私を愉快そうに眺めると、彼はおもむろに立ちあがって窓辺へ近づいた。

「ほれ、こっちゃ来てみろ」

手招きに促されて歩みよる。窓の向こうには、くだんの心霊スポットへ続く道が見えた。

肝試しに興じる一行の車は、基本的にこの細道を往来するのだという。

「夜にエンジンが聞こえっと、この窓がら覗ぐんだ。すッとよ、軽自動車さ六人も七人も乗ってんな見えんだわ。おがしいべ。ほだいに乗らんねェべ。運転手が別な人間背負って運転してるときもあんだもの。有り得ねェべ」

それって、つまり。

口をぽかんと開けるこちらを見て、Aさんが微笑む。

「あそこで持ち帰ってんだべな。捨てる神あれば拾う神ありだ。ま、アレは絶対に神様でねェど思うけどな」

だから、場所は書くなよ。拾いに来ねぐなると困ッからな。

低い声で念を押してから、Aさんは心底楽しげに笑うのであった。

◆ ◆ ◆

県北の農村で起こった出来事と聞いている。

春の終わり、ひとりの男児が使いを頼まれて豪農の家へ赴いた。

時期おりしも、田植えのころである。もしかしたら、よでな餅（田植えのあとにふるまわれる餅）を駄賃に貰えるかもしれない。男児の足は自然と速まった。

天日干しのゼンマイに目もくれず、蚕小屋を横目に前庭へと走る。いつもなら、家長が軒先で煙草をふかしている時分だった。

しかし、たどりついた前には主人どころか誰の姿もない。

その代わり――。

桜、躑躅《つつじ》、菖蒲《あやめ》、女郎花《おみなえし》、菊、山茶花《さざんか》。

四季おりおりの花が、庭いっぱいに咲いていていた。

なぜ、とうに散ったはずの桜が花をつけているのか。秋にしか見ない菊や冬の山茶花が開いているのか。わけがわからぬまま、彼はその場を去った。

そして、夕刻。

豪農の家から「ひとり娘が急死した」との報せが届いた。

娘は朝に神棚の前で意識を失い、町の病院へ担ぎこまれていた。そのため一家は不在だったのである。

葬式に訪れた豪農宅は草ばかりで、花などひとひらも咲いていなかった。

季節のない庭を見たのは、その一度きりであったそうだ。

評判の巫女

東北はかつて、自身が尸童《よりまし》となって神霊の聲《こえ》を伝える〈口寄せ巫女〉が数多く存在した。イタコ、カミサマ、エジコ、ミコサマ、オガミサマ、ワカ——名称こそ異なれど役割はおなじである。山形県では、オナカマと呼ばれている。

郷土史や民俗資料を漁っていると、オナカマに関する記述が頻繁に登場する。そこには、メディアがイタコを扱うときに感じるような蔑んだニュアンスはない。頼れる者への親密さと、わずかな畏怖《いふ》の念が文章に滲んでいる。

奥羽の地にとって、口寄せ巫女は〈すこし奇妙な日常〉にすぎないのだ。

昭和なかごろの話である。

当時、親族と揉めていたK氏は、同僚から「よく当たるぞ」と評判のオナカマを紹介された。オナカマは隣町に住む七十すぎの老女で、半信半疑だったK氏の家族構成や揉めごとの詳細をぴたりと言いあて、みごと和解に導いたという。

数年後、新たなトラブルに見舞われたK氏は再びオナカマのもとを訪ねている。

「さすがに前の女性は亡くなっているだろう」と思い、今度は知人から情報を得て山村に暮らす老婆を見つけ、無事に問題を処理することができた。

さらに平成を迎えてまもなく、彼は県境に住むオナカマの家を訪れた。やはり人づてに知った女性で、K氏の悩みをすぐに見抜き、解決策を提示してくれたそうだ。

そして——それを最後に、彼はオナカマへの訪問をぴたりとやめた。


「……なるほど、東北の口寄せ巫女は高度経済成長を機に減少したそうですからね。相談しようにも、オナカマそのものが途絶えてしまったのでは……」

「違う、そんな理由で行かなくなったんじゃない」

したり顔で解説する私を、K氏が睨んだ。

「正直、怖くなったんだよ。だって……私が会ったオナカマは」

三人ともおなじ人物だったんだ。

時代も場所も名前も違うのに——顔も声も背丈も、着物まで一緒だったんだ。

長い沈黙ののち、やがて——K氏が「だから」と呟いた。

「あのオナカマ……まだ生きている気がするんだよ」

執筆者一覧

黒木あるじ（くろき・あるじ）
山形県山形市在住。怪談作家として精力的に活躍。「怪談実話」「無惨百物語」「黒木魔奇録」「怪談売買録」各シリーズほか。共著では「ＦＫＢ饗宴」「怪談五色」「ふたり怪談」「怪談四十九夜」「瞬殺怪談」各シリーズ、『実録怪談 最恐事故物件』『未成仏百物語』など。『掃除屋 プロレス始末伝』『葬儀屋 プロレス刺客伝』など小説も手掛ける。

平谷美樹（ひらや・よしき）
岩手県出身・在住。小説家。二〇〇〇年『エリ・エリ』で第一回小松左京賞受賞。二〇一四年、歴史作家クラブ賞・シリーズ賞受賞。『でんでら国』『鍬ケ崎心中』、「風の王国」「草紙屋薬楽堂」シリーズなど多数。実話怪談では「百物語」「怪談倶楽部」シリーズ、『黄泉づくし』など。

高田公太（たかだ・こうた）
青森県弘前市出身・在住。新聞記者を生業とする傍ら、県内外の実話怪談を取材執筆する中堅怪談作家。主な著作に『恐怖箱 青森乃怪』『恐怖箱 怪談恐山』、共著に『青森怪談 弘前乃怪』『東北巡霊 怪の細道』など。

小田イ輔（おだ・いすけ）
宮城県出身・在住。「実話コレクション」「怪談奇聞」各シリーズ、共著に「怪談四十九夜」「瞬殺怪談」各シリーズ、『未成仏百物語』など。原作コミック『厭怪談 なにかがいる』（画・柏屋コッコ）も。

葛西俊和（かさい・としかず）
青森県出身。実家はリンゴ農家を営む。怪談蒐集にいそしむ傍ら、青森県の伝承や民話、風習についても情報を集めている。単著に『降霊怪談』『鬼哭怪談』、共著に「怪談四十九夜」シリーズ、『怪談実話競作集 怨呪』『獄・百物語』など。

津村しおり（つむら・しおり）
青森県出身。小説家。二〇二〇年マドンナメイト文庫より『青春R18きっぷ みちのく女体めぐりの旅』でデビュー。鉄道旅とご当地グルメと官能を網羅した作風で好評を博し、シリーズ第二作『青春R18きっぷ 夜行列車女体めぐりの旅』を上梓。

鶴乃大助（つるの・だいすけ）
怪談好きが高じて、イタコやカミサマといった地元のシャーマンと交流を持つ。いかつい怪談ロックンローラー。弘前乃怪実行委員会メンバーであり、津軽弁による怪談イベントなどを県内外で精力的に行う。共著に『青森怪談　弘前乃怪』など。

鷲羽大介（わしゅう・だいすけ）
岩手県出身。非正規労働者として貧困に喘ぎながら、怪異の蒐集と分析に乏しいリソースを注ぎ込み続ける。「せんだい文学塾」代表。共著に「江戸怪談を読む」シリーズ『猫の怪』『皿屋敷 幽霊お菊と皿と井戸』のほか「瞬殺怪談」「怪談四十九夜」各シリーズなど。

大谷雪菜（おおたに・ゆきな）
福島県出身。第三回『幽』怪談実話コンテスト優秀賞入選。ウェブを中心にライターとして活動中。共著に『実録怪談 最凶事故物件』『世にも怖い実話怪談』など。

斉木　京（さいき・きょう）
福島県出身・東京都在住。幼少の頃から怪談や妖怪に傾倒。単著に『贄怪談　長男が死ぬ家』、共著に『田舎の怖イ噂』『怪談 生き地獄 現代の怖イ噂』『5分後に呪われるラスト』『5分後に残酷さに震えるラスト』など。

奥羽怪談

2021年8月5日　初版第1刷発行

著者……………………………　黒木あるじ、平谷美樹、高田公太、小田イ輔、葛西俊和、
津村しおり、鶴乃大助、鷲羽大介、大谷雪菜、斉木 京
デザイン・DTP　……………………………………………荻窪裕司(design clopper)
企画・編集　…………………………………………………中西如(Studio DARA)

発行人…………………………………………………………………………　後藤明信
発行所……………………………………………………………………　株式会社 竹書房
〒102-0075　東京都千代田区三番町８－１　三番町東急ビル６F
email：info@takeshobo.co.jp
http：//www.takeshobo.co.jp
印刷所………………………………………………………………　中央精版印刷株式会社